阅读成就思想……

Read to Achieve

AGILE SELLING

敏捷销售

从菜鸟到顶级销售的精进训练

［美］吉尔·康耐斯（Jill Konrath）◎著

张瀚文◎译

Get Up to Speed Quickly in Today's Ever-Changing Sales World

中国人民大学出版社

· 北京 ·

本书赞誉

在需要运用智慧来完成销售的商业时代,《敏捷销售》全面教会你如何快速成为顾客无可取代的销售顾问。运用这些策略可以提升你的销售团队的生产力,快速推动业绩成长。

乌姆博托·米利迪

InsideView 首席执行官

对任何一位中小型企业的负责人而言,在你招募一位新的销售人员之前,应该读一遍吉尔·康耐斯的《敏捷销售》。这本书将会向你演示如何让你的销售人员逐步成长,快速上手,为企业的财务绩效添砖加瓦。

梅琳达·艾默生

《12个月内成为自己的雇主》作者

当下,销售能力是适应不断改变发展的经济时代的核心所在。《敏捷销售》将为你提供各项工具与战略,提高销售人员的生产力,缩减流通环节,从而产生更高的营业额,助你在市场竞争中处于不败之地。

凡尔纳·哈尼什

Gazelles 公司首席执行官、《最伟大的商业决策》作者吉尔业已成为销售人员在新时代取得成功的关键引路人。这本书是写给那些顶级的或立志成为顶级销售的读者的，他们希望成为业务倡议者而非单纯的交易处理员或者客服代表。遵循这些洞悉见解将让你成为解决客户业务难题的资深向导，以及他们在进行大单采购时优先考虑的对象。

汤姆·瑟西

亨特销售公司首席执行官、畅销书《像巴菲特那样交易》合著者

今天成功的销售已经不是传统意义上的"贩卖"，而是要让你自己成为潜在客户乃至整个行业内的宝贵资源。在《敏捷销售》一书中，吉尔·康耐斯演绎了在全新商业环境中创造机会的剧本场景。我敢保证，你至少会将全书读上两遍。

杰伊·巴尔

《纽约时报》畅销书

《"你"效用：为什么明智的营销是在于帮助受众而非大肆宣传》作者

从现在起，每一位销售人员都应当读一下《敏捷销售》，学习如何调整销售与学习技能来应对日益迅速的变化。吉尔的智慧带来了无价的宝藏，实用而迅速有效。这本书实在太棒了。

多纳尔·戴利

《Salesforce 里的客户计划》作者、TAS 集团首席执行官

《敏捷销售》这本书清晰、实在，彰显功效。

奥利维亚·福克斯·卡巴恩

《魅力》作者

《敏捷销售》是有关如何成为销售专家的书。吉尔在多年的销售生涯中观察探索出：哪些可以创造出不同、哪些是有效的、应该具体做什么、如何来做、其中的差别如何，以及如何成就卓越的销售。这不是一本解答"怎样做"，而是"应该成为怎样的人"的书。对每一个希望成为伟大的销售专家的人而言，这都是一本值得阅读的书。

戴夫·布洛克
卓越合作伙伴公司首席执行官

《敏捷销售》是一本能快速起效的销售《圣经》！新加入的销售代表在进入状态的过程中，所耗费的时间等同于营业额的损失。本书为个人与企业独辟蹊径，助其快速汲取信息、掌握全新的技能，成为客户的更有价值的宝贵资源。这棒极了！

翠西·贝尔图齐
布里奇集团首席执行官

《敏捷销售》是新时代销售人员重要的指南和宝典。吉尔在全书中引述了大量实用而有效的具体实践，这是每一位销售人员，不论是刚刚入职还是富有经验的，都应当立刻加以阅读学习的。

迈克·舒尔茨
RAIN 集团主席、《洞察销售》合著者

当吉尔第一次和我谈起《敏捷销售》时，我立刻意识到没有比她更适合的人选来撰写这个主题了。她是我所知道的最为敏捷的销售人员。当阅读到原稿时，我为之折服。这本书涵盖了专家级销售所拥有的各项关键能力。令人吃惊的是，居然从未有人写过这类作品。吉尔又和原先一样创造出了惊世之作。绝对值得一读。

戴夫·施泰因

ES 研究集团首席执行官兼创始人

自从和 1000 多名疯狂的粉丝一同注册并在 InsideSales 公司虚拟峰会上收听了她的演讲之后，我成为了吉尔忠实的听众，我的另外 62 位销售专家中很多人也都是这样。在她精彩的第三本书《敏捷销售》中，吉尔探讨了为什么有些销售能够取得成功，而另一些没有（因为不够敏捷）。《敏捷销售》颇具说服力地解释了敏捷的心智，分享了 18 项快速学习的策略，18 项根本的技巧以及 18 项长期积累起来的成功习惯，助你将各种障碍转变为机会。

肯·克罗格

InsideSales.com 创始人兼主席、

Forbes.com 每周撰稿人、InsideSales 网站第一博主

无论你刚刚从事销售工作，抑或是资深的销售人士，《敏捷销售》都可以让你在最短时间内取得不同凡响的成果。从快速学习了解全新信息到应对你的个人销售挑战，本书提供了各种经过实践验证的技巧与工具，这对你和你的客户至关重要。

坎德拉·李

KLA 集团主席、《磁性销售》和《销售与目标》作者

《敏捷销售》给商业人士带来了全新的专业技能。在当前所有商务要素都在不断变化的环境中，机会只留给那些能迅速适应最快转变的人们。

约翰·扬奇

《胶带行销术》和《胶带式销售》作者

许多图书会向你引荐另一套系统或方法论能够快速提升销售。对你而言，想要在今天做得更好，并在未来保持更佳，你需要知道如何为客户应对迅猛而永无休止的变化，做出颠覆性的变革。在轻快的 63 段章节之中，《敏捷销售》将会带来连你自己都未曾想到的力量，让你变得与众不同，更好地满足客户和市场的需要。

安东尼·艾那里诺

《销售者的博客》作者

《敏捷销售》是所有刚刚加入销售岗位的同仁所必读的书籍。今天的销售需要知道如何在每天的忙碌工作中掌握新的信息并做出改变。全书用一种轻松的方式撰写，并附有大量案例解析。无疑这是吉尔·康耐斯迄今最重要的一本书。

罗莉·理查森

Score MoreSales 首席执行官

吉尔·康耐斯的畅销书《大客户销售攻略》和《客户太忙如何卖》确定了其在销售领域的大咖地位。在我看来，《敏捷销售》超越了上述两本书，简单来说，这本书并不仅仅谈及当前一线销售所面对的问题，同样还预见性地看到了未来。她向我们展示出如何避免平庸，拓展我们的商业思维，从而走向巅峰，即便是在最具挑战性的时刻。

乔纳森·法灵顿

Top Salesman World 首席执行官、乔纳森富联公司管理合作伙伴

　　我曾以为，吉尔无法超越原先那部《客户太忙如何卖》，但是她在新书《敏捷销售》中确实做到了。这本书深入研究了我们大脑的工作方式，并谈到了如何快速学习新的信息与技能。无论你涉世未深，或对销售岗位已轻车熟路，你都可以从中获得重要的见解，在更短时间内成就更多。吉尔在书中整合了有关销售策略、技巧以及管理的建议，再一次推出了一部伟大的作品。

迈克尔·尼克

ROI4Sales 首席执行官、《高阶管理层的要务》作者

　　当今世界，购买者通过网络与在线社交媒体获得大量信息，销售人员从中重新扮演哪些角色呢？吉尔谈到了敏捷销售的重点：个人需要更快速的学习、保持与客户紧密的联系，并超越他们所销售的产品，成为价值的创造者。威利·洛曼的"拜金一族"会受到挑战，因为这已经不再适合全新的商业经营环境，全新的敏捷性销售将成为这种经济环境中的英雄。

斯蒂芬·理查德

Vorsight 管理合作伙伴

　　假如你拥有一家中小型企业，并希望业务有所成长，《敏捷销售》是一本你不容错过的书。吉尔在分享心智、工具与技巧方面拥有强大的力量，而这些是与当今的购买者达成共赢所不可或缺的。如果你正在招募新的销

售人员，或希望自己能变得更好，读一下这本书吧。

安妮塔·坎贝斯

Small Business Trend 首席执行官

你是否注意到购买者已然发生了变化？他们自我学习，只是在准备购买时才请你来商议、谈判价格。如果说有人知道应该在这种情况下如何应对的话，那只能是吉尔了。想要提升销售？阅读这本书中的见解吧。更新、更快、更加专注……这本书是写得极好的。

奥伦·卡尔夫

畅销书《无所不在的投资》作者

市场变化越来越快，保持领先绝非易事。吉尔·康耐斯带来的实用而策略性的建议能够有助于销售人员快速理解用户需求，并有效加以满足。

托德·亨利

《赤身离世》作者

推荐序

瀚文最初推荐这本书时，我认为是介绍互联网最新技术前沿领域的书籍，并没有引起太多兴趣。在知识快速更新的时代，雨后春笋般涌现的各种理论、技术、观点和数据都是前所未闻的，时间久了便容易失去新鲜感。再浏览《敏捷销售》这本书之后才知道，这是一本讲述一线销售人员如何应对变革的书，写得非常生动有趣，每一章内容短小精干，与本书所要传达的敏捷主题相得益彰。

对在企业中涉足研发设计、生产管理、市场营销等领域的职业经理人而言，敏捷或者说精益这些概念都不会陌生。敏捷是伴随时代快速发展的步伐在近几十年里应运而生的 。今天我们已经进入到工业 4.0 时代，而在工业 3.0 之前是不需要敏捷的，因为有足够大的市场可以支撑起所有的供应方。只有当资本与技术的积累大幅度地促进了生产力的发展，从而打破原有的供需平衡，将卖方市场转变为买方市场时，商品或服务的供应者才会发现提供更加廉价、高效的产出往往会陷入到红海的竞价中，而如果能找到快速满足市场的方案，并根据需求的变化，在最短时间内做出自我调整，才是保持长久竞争力的关键所在。

在研发和生产端实现敏捷相对较为容易，因为在这些领域已经有非常成熟的理论及实践提供支持，而这些环节的流程又相对规范化，你可以通过迭代开发实现快速交付，藉以精益生产完成个性化。海尔公司的互联工厂已经可以实现"黑灯车间"，完成用户个性定制和可视化生产。

相对而言，前端的市场营销工作因其具有较多的不确定变化因素，要求销售人员具有更高的主观能动性，因此很难制定出一种可以有效复制的标准化流程。在我看来，我们对销售精英的认识也经历了三个阶段，而这三个阶段与生产力的发展，以及市场的需求是密不可分的。

在初期阶段，优秀的销售人员在我们脑海里的形象基本是这样的：奔走日当午，汗滴脚下路，谁知销售难，单单皆辛苦。这种锲而不舍的苦干实干精神在今天仍然难能可贵，它是创造出成功销售金字塔的基础。但是，这在今天快速变化的商业环境中是远远不够的：网络技术前所未有地拉近了人们相互间的距离，同时也让竞争对手更加容易渗透进来；我们的客户变得更加智慧，通过互联网能够获取到更加专业的信息。另外，互联网还拓宽了更多的购买渠道，许多传统的坐商即商场店铺首当其冲地受到了严重冲击。

于是进入到第二阶段，销售人员开始更多专注于对客户需求的把握，试图通过满足客户的个性化需求，从多层面的市场竞争中取得优势。这是销售人员的本职所在，即通过所销售的产品或服务来满足客户的业务所需，其中涉及到了大量的沟通技巧、聆听艺术以及分析判断，扮演好这样的角色，意味着在产品的后端与客户一线之间建立起一条高效的通信路径。而如今的挑战在于这两端不断的变化，我们需要不断学习了解新的产品、服务、竞争对手以及用户的商业环境，才能发挥起连接客户和产品的桥梁作用。在《敏捷销售》这本书中，作者引述了大量实践和技巧来帮助销售人员在忙碌的销售工作中实时充电，这并不仅仅适合希望在销售领域取得持续成绩的销售人员阅读，也同样也适用于某个领域的新手阅读。

当然，只有少部分销售精英才能够进入到第三阶段，与客户建立起充分的信任，成为他们的业务咨询顾问，并在协助客户成长的过程中实现自身销售业绩的增长。这自然会要求销售人员有扎实的专业知识，并且对客户的细分领域有独到的认识与见解。之前，这部分销售精英往往都是在某个行业中历练多年的骨干分子。他们不仅对自身的产品或服务有着充分的了解和认识，而且对该领域的客户也有足够的积累。但这种情况在互联时代或许会发生变化，如果懂得如何应用互联网工具，初出茅庐的销售新手亦有机会在短时间内累积起丰富的经验。竞争与挑战的激烈程度也促使我推荐身边的朋友阅读这本书，书中所涉及的某些技巧与工具让人受益匪浅。

今天每一个人都需要不断地学习，太多的新鲜词汇走进了我们的生活：中国制造 2025、工业 4.0、互联网＋、物联网、大数据、云计算，等等。其中的一些可能不会在当下直接影响到市场，但随着蝴蝶效应激起的涟漪，最终将波及到商业领域。主动迎合还是消极等待？如果你的答案是积极的，那么我非常推荐你认真阅读这本《敏捷销售》。

柴小舟

霍尼韦尔大中华区副总裁兼总经理

木讷时代的结束

第一次听到"敏捷"的概念是在 2004 年，敏捷开发的概念刚刚兴起，给 IT 行业带来了全新的思路。那时系统开发是一项艰巨而复杂的过程，为期漫长，往往在原本的功能尚未完成之际最终用户又有了新的想法。于是项目的整个开发周期变得相当漫长，项目负责与开发人员通宵达旦仍难以加快步伐，延迟交付是每一位最终用户都会遇到的，且功能往往与用户所设想的存在很大距离。

短短 10 年时间，这种局面在今天已截然不同，仰仗开发工具与敏捷思维的出现，我们会看到各种软件的新版本如长江后浪推前浪般不断推出，以至于许多最终使用者都不愿意费时去升级软件，来获取对自己不太重要的功能；另外，可以看到某种创新的功能在很短时间内便会在市场上遭遇到同类、甚至更加优秀的后继者的模仿和超越。

我想或许正是由于这种后端产品服务的推陈出新加速了整个商业环境的变革。10 年之前，客户的采购行为更多专注于产品或服务本身，比如是否为全球知名厂商、技术参数或服务细节、价格与预算情况，即便在问及案例应用时也更多侧重于确保产品或服务的成熟度与应用口碑；而在今天，客户可以借由多种渠道，了解到更多关于你的产品或服务的信息，包括所应用的技术、运用发展的趋势、行业内的部署情况，甚至可以通过网络搜索到产品的价格区间。

那么，站在市场营销角度，销售人员的价值何在？你要做的不再是西装革履地出现在客户面前，占用他们大量的时间来介绍乏善可陈的产品幻灯片，然后打探"您打算什么时间下订单呢？"抑或只是陪着客户灯红酒绿拉拢关系；又或者是等待客户召唤，提供一份又一份报价单……这些都已过时，因为今天的客户，一方面借助互联通信手段掌握了更丰富的信息，甚至已经成为该特定领域的专家，另一方面他们同样面临着更加严峻的压力与挑战。他们需要借助产品或服务供应商的力量，提升对未来业务的拓展能力、评估现有环境中的瑕疵与风险。换言之，今天的客户需要的是一位行业专家，而非单纯的产品推销员。

我曾经作为产品总监陪同销售人员一同拜访客户，那时我负责企业级存储系统已有数年，对产品与技术细节可谓了如指掌。但在和最终用户的交流过程中被问及到了一个棘手的问题：用户为了确保最高等级的可靠性，需要对产品的电源进行重新改造，其中涉及有关供电标准、电源尺寸以及整个机房设置方面的细节，这是我无法一下子回答上来的。但这并不重要，只要打开电脑，查看详细的白皮书，上面定会有相应的答案。我转而向用户询问："既然您对安全性如此看重，那么有没有考虑过'持续数据保护'的解决方案呢？"他立刻来了兴致，问道："对，我在你们的网站上看到过这类技术的介绍，但是适合我们现在的环境吗？"在接下来的两个小时内，我们就此内容展开了广泛的探讨，介绍了目前行业内技术的应用情况，给企业业务带来的优势与可能存在的风险，并请技术工程师对用户现存环境进行了充分的评估。在之后的一周内，我们交付了一份完全为该用户定制化的解决方案。这时，该项目最终的结果已毫无悬念。

译者序
木讷时代的结束

　　这是个非常有趣的时代，这是个告别木讷的时代。从路上匆匆行人的步伐中，你便能够感受到这个时代的节奏。我们的父辈或许将一生贡献于一个工作岗位上；这在今天看来是难以想象的，"自我雇佣""跨界经营"成为了许多职场人士的选择。那么，在掌握自己职位所需的信息和技能时，你仍然不慌不忙，不温不火吗？读一下吉尔·康耐斯的《敏捷销售》，在我看来，这并不仅仅是一本写给一线销售人员的书，每个从事商业活动工作的人都能够从中受益匪浅。

　　最后，感谢吉尔精彩的作品；感谢张国成、顾邹芸老师给予的帮助和支持；更重要的是各位读者，感谢你们不吝惜时间读完这部著作，我相信你们会感到相见恨晚，爱不释卷。

张瀚文

霍尼韦尔大中华区资深产品经理

前　言

　　尽管我从事销售工作有数十年之久，我仍然不禁要如此严肃地扪心自问："为什么我花费了如此长的时间来探索销售人员的成功之道？"一直到最近几年，我才有所领悟，深入洞悉，找到了那些卓越的销售人员与众不同的特质所在。

　　首先，我先介绍一下背景情况。我在很长一段时间里都致力于"销售人员竞争能力"这一领域的探索。在我担任销售顾问期间，我从战略与战术层面帮助过销售人员，使他们能够创造出新的商机，加快销售周期，启动新产品销售，以及在现有客户中扩展新业务。我曾经写过两本有关这方面的畅销书：一本是《客户太忙如何卖》（*SNAP Selling*），由浅入深地指导销售人员如何在节奏日益增快的时代赢得项目；另一本是《大客户销售攻略》（*Selling to Big Companies*），详细描述了如何与客户企业级决策制定者建立会议面谈。这两本书中所提到的实践与指南，在很大程度上帮助到了数以万计的销售人员。

　　不过我仍未能勾勒出完整的全貌。并非有意为之，而是出于我个人的无知，许多我未曾引起注意的事情其实都在助力于最终的成功。

　　所有这一切在 2011 年的一天发生了转变，那天美戴公司（Medix）的首席执行官安德鲁·利穆赞（Anderw Limouris）邀请我为他年轻的销售团队介绍我早年的销售经历。他也希望我能够分享一下我的看法——为什么我取得了成功，而许多其他同仁未能如愿。

"嗯，为什么是我呢？"我在想。随着深入思考，我突然意识到这样一个事实，除了单纯的销售技能，还有许许多多其他的因素促成了我最终的成功。例如，我如何面对恐惧，永不放弃的心态，以及从顾客角度的思考模式。这些用习以为常的形式呈现的方方面面，使我忽略了它们的重要性，通过进一步的深思熟虑，确定它们确实是我成功的关键所在。

在这重要日子的 3 天之后，我开始投入研究，加深我对销售人员成功要素的认知。我学习了神经系统科学，为了理解大脑的工作方式，以及为什么通常的"工作方式"实际阻碍了我们通往成功之路。同时我深入以往的职业生涯以期从中提取精华。

关键在于，我意识到快速进入状态以及迅速适应环境变化的能力至关重要。成功取决于我销售的灵活性，即我个人良好的心态与娴熟的技能使我能够快速掌握知识，学会新的技能，结合灵活性与实力来应对挑战，赢得机会。

你以前或许从未听人说起过销售的敏捷性。在销售培训课程中也找不出这样的词汇术语。但我所认识的每一位顶尖的销售人员都是敏捷的学习者，他们深谙如何认知陌生的处境，快速找到解决之道。

这并不是说你必须要逐字逐句来领会其中的含义。你可以实际学会这些敏捷策略；这其中并无奥秘可言。当你将这些策略运用于你的销售时，它们会彻底改变你以往的商业世界。

这本书适合哪些读者呢？我相信所有潜能未被激发的每一位销售人员都能从中获益，能够取得比今天更大的成就。我认为他们包括：

* 富有经验的销售人员，他们希望在崭新的销售岗位上取得突破性的
  成绩；
* 刚入门的销售人员，他们或许尚未找到成功的诀窍；
* 苦苦奋斗中的销售人员，他们想要提升至一个全新的高度；
* 坚定的企业家，他们正身处挖掘新客户的困难时期。

如果你满足上述条件中的任何一项，我敢保证，你会发现这本书对你短期和长期的职业生涯非常有用。我设想你现在正处在非常时期，忙于料理各类业务，因此，我将这本书写得尽可能干货满满而有趣，只要遵照这些教程，你将会找到如何变得更加切实而有成效的方法，最重要的是，变得敏捷灵动。

让我先大致介绍一下你将会阅读到的内容。

第一部分：敏捷对销售人员意味着什么。你会发现今天的购买者发生了如此显著的改变。你会找到其中的关键点，并因此变得与众不同，从而在一个高度竞争的市场环境中赢得业务，同时你会发现致力于敏捷性学习是你销售取得成功的关键所在。

第二部分：保持敏捷的心态。你将会了解到怎样的心态可以使你变得更加迅捷，而同时预防你滑入失败的泥潭。我同时还将推荐一些策略，帮助你保持最佳状态来赢得销售的成功。假如你刚刚踏上销售岗位，甚至刚开始第一笔销售业绩，这些深刻的见解将能保障你在此期间应对所有的挑战。

第三部分：18 项获取销售信息的关键须知。你会发现顶尖的销售人员是如何快速深入掌握各项必备的知识，在短短 30 天内建立起自己的权威性的。这部分的章节定义了你所应当学会的内容，紧接着是一些非常有趣的

知识和信息，以及如何使这些知识在你脑海中扎根。假如你刚建立了一家企业或发布了一款全新的产品，请立刻开始阅读这一部分的内容，它会让你受益匪浅。

第四部分：18 项关键必备的销售技巧。你会读到各式各样的销售策略，在有限的时间内更好地提升销售水平。本部分的章节并不适合初学者；今天，随着购买者需求预期的不断改变，几乎所有的销售人员都需要提升他们的个人技能来把握机会，完成销售。假如你的企业刚发布了一款新产品或提供了一项新服务，你一定想要快速更新这方面的信息，确保你所做的每件事都是非常高效的。

第五部分：销售人士的 18 个成功习惯。你会找到有许多办法可以应对那些无法避免的难题。在这部分的章节中包含了弥足珍贵的技巧小贴士，有助于自我激励，增强技能，管理实践，并且克服短板。再次强调，销售精英们会不断地更新方式或另辟蹊径，以优化他们的时间，腾出资源用于更高价值的活动。

你并不需要去苦苦钻研本书的文辞句法来寻找结论。我个人的观点是，仅仅第 6 章就足以改变你的生活。当然，有类似效果的还包括第 15 章与第 50 章。文中所列的丰富工具与技巧可以彻底改变你的销售思维模式，并最终使你得到累累硕果。你越多地拥抱这些想法与策略，你越有可能在短期内赢得成功，并从长期角度实现专业能力提升。

现在，让我们开始吧！

目　录

第四部分　18 项关键必备的销售技巧

目录

第五部分　销售人士的 18 个成功习惯

第六部分　**结语**

第一部分

敏捷对销售人员意味着什么

在一个持续变革的时代，产品或服务日趋同质化，销售人员日渐成为了区分其优劣的关键所在，而敏捷能力则是他们赢得成功的致胜法宝。

AGILE SELLING
Get Up to Speed Quickly in Today's Ever-Changing Sales World

AGILE SELLING
Get Up to Speed Quickly in Today's
Ever-Changing Sales World

第 1 章
亘古不变，唯有变化

敏捷灵动、及时响应、健步如飞、机智灵敏、把握稍纵即逝的机遇。

我想我找不出更合适的词汇来形容今天商务人士所应具备的特性了。

我们生活的世界正经历着前所未有的变革，其中的大部分远远超出我们的控制能力。作为销售人员，只能对此加以适应，有时甚至为此通宵达旦。更麻烦的是，我们必须在适应变化的同时致力于完成销售目标。这着实令人生畏，尤其当你想到我们所面临的变革如此巨大时。

首先，回顾一下你的企业本身。对任何规模的企业或许都会有这样的经历：每年都会有新的产品和服务推向市场，引入新的创新策略；优先级频繁地切换，酬金计划不断发生改变，新上任的领导往往都会有不同的期待；在过去数年间你还经历过企业或团队的重大改组。

除此之外，你还需要在工作中使用各种全新的工具：客户关系管理（CRM）系统，在线会议、社交网络、告警服务、商机生成软件、协同工具，以及智能手机软件，这还只是一部分而已。仅是这一点就会让许多销售人员焦头烂额，应接不暇。当你将这些与每天所接触到的海量数据信息结合，产生的压力很容易让人喘不过气来。

这还不是全貌，市场环境同样在发生剧烈的变化。传统行业与新兴行业此消彼长；经济环境反复无常，时而下滑，时而激增；利率忽上忽下；法律、法规也在时刻左右着市场的起伏；即便世界另一端发生的政治经济动荡也会影响到本地的决策制定。对这一切你丝毫无法轻松驾驭，但它们会对你的成功产生重要影响。你无奈地感到永远无法掌控一切，抑或改变购买者的行为。

总之，熟练掌握所有这一切是不可能的。在这么短的时间内面对如此多的信息量，同时还有更多的信息源源不断地在涌向你。等你搞清楚所有事情时，你会突然发现其中的许多部分又改变了，你不得不重新来过。

适应这种巨变着实让人痛苦，很少有人会觉得自己身心敏捷，左右逢源；相反，笨拙与挫败感会让大多数人丧失自信心，通往专业精通的道路看似遥不可及。而当你面对一个全新的职位时，这种难度系数会呈指数级增长——不仅是指你所需快速掌握的每件事，还包括你得在第一时间学会如何开展销售。

持续不断的变化已经成为一种新常态。我们应该从中找到并学会如何在这种不断变化的经济环境中得以发展，这已经成为销售人员一项必备的技能。

你完全不必受变革掣肘。通过调整心智，快速领会策略，从全新的途径掌握不同的销售技能，你将在这种环境中笑傲群雄。

-------- **AGILE SELLING** --------
> 要在如此环境中成为操控变革的专家，这是一件非常困难的事情。

AGILE SELLING
Get Up to Speed Quickly in Today's
Ever-Changing Sales World

| 第 2 章 |
理解今天的购买者

庸庸碌碌，墨守成规，你的工作将举步维艰，鲜有人会接听你的电话或者回复你的邮件。当你在某个业务热点上投入大量精力，结果却发现客户并不愿意做出任何改变，收效甚微，这实在令人无比沮丧。即便到了最终签约的时候，似乎所有的关注点都集中在了价格上。

购买者已经发生了变化：一种从根本上、彻底而永久性的转变，不再像以往那样需要销售人员的推销。当遇到问题时，他们大都会在线分析：浏览大量的网页资料，找寻有助于了解所面临问题的各种信息，寻求应对的方法，以及其中的最优化解决方案。他们会下载白皮书、参与在线会议、阅读专业性文章、收听专家意见，或出席各种论坛，等等。

简言之，购买者倾向于自我学习，将销售人员完全排斥在外。当最终决定接触销售人员时，他们通常已经完成了 60%~70% 的购前工作！他们只是带着想要明确的问题，召集一些供应商前来开始具体的商谈。

为什么购买者会拒销售人员于千里之外呢？按照他们原有的经历来看，绝大部分销售人员以兜售自身产品为中心，并没有给决策过程带来任何实质性的价值，他们只会提出一些愚蠢的问题，毫无见地，带来无趣的演讲。购买者最不愿意做的便是将宝贵的时间耗费在与那些自私自利的销售人员的会议上。他们实在没有那么多闲工夫。

或许你认为自己与众不同，但不幸的是，购买者却并不那么看。

要想赢得客户的时间，获得他们的关注，拿下项目并使之保持忠诚度，你必须理解并交付今天购买者所真正需要的。你的成功取决于：

* 见多识广。购买者期待你理解他们的业务、方向、挑战、流程与合作历史；
* 见识有价。你的每一次接触互动都会被评估，客户会判断这是否值得他们投入时间与精力。购买者想要的是想法、见解、领导力以及评估指南，来判断改变是否有意义，并且如何将其做得更好；
* 供其所需。你被期待能够在购买者所需的时候，以他们希望的方式快速提供最适合他们的产品或方案。

作为销售人员，我们或许以为自己一直都是这样做的。但不幸的是，购买者希望我们能够与众不同。根据福雷斯特研究公司最新的调查显示，只有15%的有决策权的购买者表明与销售人员的会面满足了他们的预期。而这部分反馈者中仅有7%的实际安排了进一步的谈话。好吧，这样的数据实在乏善可陈！

很显然，随着销售人员数量的增长，今天的购买者比原来拥有更强的话语权。除非能够满足他们的预期，否则他们不会花时间和我们交流，更不会从我们这里购买。在许多情况下，双方存在着巨大的鸿沟。销售人员了解他们的产品或服务，但是对购买者的关注点知之甚少。这些关注点是指什么呢？销售人员怎样才能快速掌握它们？

如果不深入了解购买者，业务的拓展工作会日益困难。言外之意，销售人员在与顾客的互动过程中必须能够为对方提供价值，对于赢得更多项目而言，这是必不可少的。而互动的本质也已发生了转变，与你交互的对象是该领域的专业人士，他们需要充分的意见交换以及深入合作，而不拘泥于具体场合与形式。

值得庆幸的是，今天的购买者所期望的并非遥不可及。每个单独的销售人员都有能力满足这种需求。而在这样的过程中，你会得到截然不同的反馈。

根据亚伯丁集团的调研，对于那些利用在线资源研究顾客及其未来发展的销售人士，他们所在的企业营业额高于平均值21%。而CEB的研究显示，敢于质疑顾客的想法，并给他们带来全新见解的销售人士会取得明显高出同行的卓越表现。

这些数据显示出，积极而聪慧的销售人员会在当今的市场环境中占据重要地位。在今天，尽管为顾客带来价值或许并不容易，但只要你能读懂他们的期望，这绝对是可行的。

作为销售人员，我们必须要提升在这场游戏中的竞技水平，成为顾客希望交谈的对象。请停止原本那些低效的工作，迎接这种变革。

AGILE SELLING

购买者的期望已经发生转变；销售人员必须能带来更高价值。

第 3 章
如何销售比销售什么更重要

今天，销售人员所拥有的机会远比他们所想象的要大得多。研究显示，在一个产品与服务同质化严重的商业环境中，销售人员与购买者对采购决策的影响和顾客忠诚度有着截然不同的认识。

销售人员总是将价格、品牌、产品与服务本身视为至关重要的因素。他们通常感觉无论作何努力，事情的进展是完全不受控制的。这种想法是许多彼此指责、相互推诿的根源。

但你是否知道，购买者在他们的决策过程中，将什么视为关键的取舍因素吗？是销售过程 [①]，即你在整个工作过程中与顾客的交流互动。他们将这种经历感受视为最重要的因素，胜过其余因素的总和。

在购买者眼中，销售人员才是最主要的取舍因素。这意味着，"你"至关重要，远比你卖的货物、它们的成本以及你所为之工作的企业有过之而无不及。顾客选择你是因为你所完成的工作；否则，他们会选择你的竞争对手。只有当所有的销售人员都碌碌无为时，价格、产品或者品牌才在顾

[①] 资料来源：销售执行委员会 2011 年针对企业营销过程中顾客忠诚度影响方面的调研。影响顾客忠诚度的驱动因素包括：企业与品牌影响力，占 19%；产品与服务交付能力，占 19%；性价比，占 9%；销售过程，占 53%。

客的决策制定过程中成为关键因素。

这是否让你兴奋不已？终究在一些方面你拥有完全的控制力——完全可以通过丰富自己的知识库，使其成为你取得成功的源泉。

不过仍然有许多你所未知的领域。当然，对于所销售的产品或服务你要了如指掌，但这并不是你的顾客最为关注的方面。顾客希望你了解他们的业务，帮助他们找出解决之道，他们需要想法、见解以及那些你目前可能还不了解的咨询。假如你在这个岗位上是一名新人，你或许会受到双重打击。

我们可以做个总结：要变得与众不同，你必须时刻保持学习状态。有时候仅仅是想到所需要了解的内容，便让我喘不过气来。那时候我真想打开我的脑壳，将我必须要知道的每件事一股脑儿地灌进去。但随着在销售岗位上阅历的增长，我对所有各种变化产生了免疫力。当然，有时也会变得更糟，因为我不得不丢弃固有的经验。

我揣测你也会有同样的感受：今天我们要变得比以往更加聪慧。在每次与顾客的对话中，要让对方有所获益，从而管理你的客户体验。

如何销售，这远比销售什么更加重要。我们完全有能力让产品或服务达到顾客的预期。

AGILE SELLING

将你自己变成最重要的取舍因素。

| 第 4 章 |
敏捷，势在必行

今天的销售岗位已经成为一种隶属脑力劳动的职业。我们需要快速学习，找到最佳途径，以将我们的知识和见解融合到与顾客的交互之中。我们要变得迅速、敏捷，以响应从不同角度出现的不确定性。

糟糕的是，我们的大脑并不总能跟上节奏。它喜欢刻板和教条，并将其演绎得炉火纯青。一旦我们习惯于不断重复某种行为，大脑便会将其固化为一种惯有的操作系统。不久之后，我们的观点、谈话和演讲都会僵化。我们仿佛是由惯性操控的复读机，而且对此浑然不觉。

我们越是依赖于例行公事、墨守成规，就越难转变。自身的惯性会让我们愈陷愈深，而在下陷的过程中，我们距离销售目标渐行渐远，同时也更难学习新的事物。

事实是，在今天的商业环境中，敏捷至关重要。我们永远不会知道得太多。在变革发生时，我们必须敏捷才能华丽转身。例如，我的一位客户最近刚宣布他们将进入高端市场，瞄准那些他们的销售代表从未触及到的大型企业用户；另一名客户刚刚发布了一款新产品，旨在与原先不敢平视的竞争对手一比高下；第三名客户目前正受困于法规变化所造成的被动处境。在上述这些情况下，他们的销售人员必须要找到全新的途径来应对市场的动态变化——配以最快的速度，假如他们希望完成销售数字的话。

有时你自己也在寻求改变，尤其是在一个崭新的岗位上。今天你可能在向市场副总推销技术服务，而明天或许便开始向工厂的管理者销售固定资产。即便已经拥有大量的销售经验，你仍有许多需要学习掌握的信息。我所认识的每一位销售人员都在尽其所能地不断提升，以期成为专业人士。

光辉国际（Korn/Ferry International）的研究显示，"敏捷的学习能力在当前已经是预测一个人能否获得成功，保持领先的首要因素，远比智商（IQ）、情商（EQ），甚至是领导能力更具有参考意义。"

这一结论套用到销售行业同样适用。敏捷的学习能力将成为你的竞争优势，使你变得卓尔不凡。当然，具备敏捷性的前提是要认真思索正在发生的改变，了解其背后真实的含义，从中了解所需的信息，以及最后采取行动的最佳途径。

假如你是一位敏捷的学习者，你会善用信息、随机应变、积极主动。你可以应对客户所面临的最大挑战，并助力其取得成功。另外，这也意味着你有着高超的沟通技能，因为你会从他人的角度思考问题。你可以快速灵活地为客户提供解决方案，并通过各种不同渠道达到目的。

你在销售过程中的成功与否取决于你能否快速获取信息和掌握新的技能，而敏捷的学习能力是确保成功的根基。它能够使你从容应对错综复杂的情况，找到创新的解决方案，由此及彼地思考问题。面对飘忽不定的目标，假如你是一名敏捷的学习者，你会不断尝试找到正确的答案，因为你坚信一定能发现。你可以及早地预感到危险与机遇，从而有足够的时间来采取应对措施。

当你是一位敏捷的学习者时，你会在更短的时间内完成更多销售任务，获得更高收益。仅此一点就足以驱使你去掌握这项基础技能。同时，这也是一个生活中的课题，不论在工作或是其他方面都将对你有所裨益。能够快速作出响应的人，无论在任何行业的任何职位上，都将受到欢迎。

很显然，敏捷学习能力的培养至关重要。同时你也要意识到保持思想灵活性所应具备的心态的重要性。顶尖的销售人员并非只是热情而快速的学习者。他们所具备的心态，即便是面临挑战，仍能以积极的态度不断进取。幸运的是，正如你将看到的，你同样可以具备这种战无不胜的能力。

AGILE SELLING

敏捷的学习能力将是你实现可持续发展的唯一竞争优势。

第二部分

保持敏捷的心态

敏捷的销售人员会用异于他人的方式去思考问题。这种心态帮助他们出色地通过挑战，并最终使他们成为该领域中的佼佼者。

AGILE SELLING ·
Get Up to Speed Quickly in Today's
Ever-Changing Sales World

AGILE SELLING
Get Up to Speed Quickly in Today's
Ever-Changing Sales World

第 5 章
战胜内阻力，做出关键抉择

众所周知，精通某个领域需要耗费大量的时间与精力。你也不可避免地会在这个过程中遭遇到各种艰难和挫折。有些障碍看似无法逾越，甚至让你在无数个日日夜夜里，对你所服务的企业，或是你自身的实力产生怀疑。

我在整个职业生涯中有过许多次这种感受。面对陡然猛增的学习压力，恐惧、无助和质疑犹如被激怒而直立起的毒蛇，令人生畏。在《战争的艺术》（*The War of Art*）中，史蒂文·普莱斯菲尔德（Steven Pressfiell）将其称为"内阻力"，并给出了这样的定义："这是一股不可见的力量，在任何时候，当你尝试去完成某些重要的事情，或是做出生命中的重大改善时，这股力量会阻碍你前进。"虽然看不见，但这股力量强而有力。

我至今仍记得最初几次与这股内阻力抗争的经历。那时我还是一个销售新人，刚刚开始销售施乐公司的复印机。作为培训的一部分，每个销售新人都必须逐行逐句背诵一段 20 分钟的演示脚本。虽然过去多年，但这些话仍驻留在我的记忆中：

尊敬的潜在客户，多年以来，施乐公司致力于为顾客设计能满足你所需的复印机。通过以往的经历与成功案例，我们认为有四项基本条件是你最为需要的：易于操作、复印品质、可靠性以及灵活性。对你而言，是否还有别的重要考量因素呢，尊敬的潜在客户……

在经过数周的练习之后，我已经准备好作最后的演示考核。我的潜在客户鲍勃，正站在展示区的复印机面前，我直接按照脚本开始，一路往下滔滔不绝，没有落下一个词，直到结束。

演示的最后部分，在询问订单之前的一句话是："还有任何问题或建议么？"当说出这几个词时，鲍勃看着我微笑道："非常不错，吉尔。只不过我的名字不是尊敬的潜在客户。"

我顿时备感羞愧，当即想要提出辞呈，但是我并没有这样。这是我的销售生涯中干系重大的时刻。我必须选择留在施乐，或是寻找一个另外的职位从头开始。我选择了留下，而这也改变了我的生活。

许多销售人员并没有意识到，成功其实只是一种选择，不是上帝的恩赐，也不是源于你天资过人。我认识无数"平常普通"的人，他们的成功只因那句自励的话，"该死的。我一定得想办法解决掉这个麻烦。"

与之相反的是，我也遇到过富有天分，却在销售岗位上完全失败的个例，因为这远比他们想象的要困难得多。他们在关键的决断中选择了放弃、退出。他们没有拼尽全力，游向彼岸，而是放任自流。最终，他们只完成了容易做到的一小部分，离开了这个岗位，沮丧不已，备感挫折。

我们在奋力拼搏的过程中，一定会备受恐惧、质疑和无望的折磨。这些情绪会瓦解我们的意志，犹如在耳旁告知我们，永远不会找到办法、所有的努力都毫无意义、失败也不是自己的过失。每个人都会有这种经历。不幸的是，太多的人在这场战役中以缴械投降告终。

最近，我与一群颇为成功的销售人员分享了成功销售的心态。我谈到我经常会担心无法完成业绩，或是不能胜任某项新的角色（没有人可以从我的日常表现方面揣测到这些）。当我谈及自己与内阻力抗争的过程时，我意外地发现房间里的每个人都首肯点头，这说明他们所有人都有过这种感受。你永远不会知道这一点，因为他们看起来如此自信而颇具能力。但是正如刚才所说的，我也是其中的一员。

敏捷的销售人员不会让恐惧、质疑或无望得逞。他们不喜欢内阻力带来的感受，但是他们将此视为学习过程中不可或缺的一部分。而更高明的是，他们利用这种感觉推动自己持续向前。想要尽早实现精通，圆满达成销售目的，他们将持之以恒地在学习上努力奋发。

他们做出了关键的抉择。企望取得成功的愿景，让他们慎重地选择了正确的方向。这种心态帮助他们渡过了最困难的时期，事实证实这重要的一步棋他们下对了。

AGILE SELLING

成功只是一种抉择，要敢于选择这条道路！

AGILE SELLING
Get Up to Speed Quickly in Today's
Ever-Changing Sales World

|第 6 章|
改变销售生涯中的困境

敏捷的销售人员会以不同的方式面对困难。首先，他们会预料到困难随时可能会出现，因此，在遇到问题时他们并不会惊慌失措、束手无策，而是随时准备好迎接挑战；他们不会在挫折前怨天尤人，而是充分地发挥出自身固有的、积极的能量去应战。

你或许不明白我在说什么。想象一下，当你听到一个优质的潜在客户正打算与你的竞争对手签约时，你会不会感觉深陷沮丧的泥沼？灰心丧气？感觉像是胃部挨了一记重拳？这时如果再雪上加霜，压上最后的稻草——不管是来自内心还是你的上司——自信的骆驼是否会被彻底压垮？

失去抗争的能量对销售工作是极为有害的——你的大脑开始迟钝，失去方向感，停滞不前。在这背后有着生物学的原因：在压力之下，你的身体会产生大量的皮质醇。这种激素会使得你的记忆力下降，难以产生富有创造力的想法，只感觉成功与否完全不在你的掌控之下。

那么，关键在于转变你的观点和认识，不再对困难和挫折不寒而栗。虽然要做到这点并非易事，但这恰恰是改变的开始。

数年之前，我也面临过重大的职业危机。那时我接连丢失了两位重要的客户，他们都介于来自华尔街的压力而削减了各项外部采购。我的咨询项目在一夜之间便被束之高阁。客户对我说："先停一下，吉尔。我们很快便会重新启动项目。"然后便石沉大海没有下文了。

这种情况使得我不知所措，我重新开始思考整个过程，但很快就发现，多年以来我赖以成功的方式方法不再有效。刚开始我只是有挫败感，但随着时间的推移，恐惧的情绪慢慢在我体内蔓延。我担心会失去原有的光环与能量，没有人会再雇用我，毕竟有谁会想要一位没有客户的销售顾问呢？最后我开始咨询其他的销售人员与企业家，他们是否也有类似的困扰。这下犹如打开了泄洪闸，事实上，我所询问的每个人都在苦苦挣扎着寻找可以抓握的救生圈。

当意识到这并非个人的问题后，我顿感释怀。猛然间，我认识到自怨自艾正在吞噬我的创造力，即便能有好友们出谋献策，我仍然还沉浸在悲观之中。我深陷负面情绪的泥潭之中，当需要充分运用脑力，发挥潜能之际，我发现大脑已然瘫痪。

当我将困境转化成挑战时，所有的事情都焕然一新。我对自己讲："吉尔，这是一次挑战。目前你尚无应对之术，但这对你而言绝非深不可测、高不可攀，一定能找出解决方案。"

理念的转变，让我当即感受到了变化。我又一次能够主宰自己的未来了，大脑也飞速运转起来。我变得好奇、开始问自己许多问题："为什么这些潜在客户没有反馈？假如换一种说法，是否会得到不同的答复？我是否拥有充分的知识，让自己的说道带有一定的权威性？是否该抛弃原有的自我？是否应当就此退出？"最终，我找到了解决方案，并撰写了《大客户销售攻略》（*Selling to Big Companies*）这本书，让他人能够从我的经验中获益。

我的这种经历绝非是独一无二的。神经学家的研究显示，当你转变思维模式，将障碍视为机遇时，你的大脑会重新焕发活力。它喜欢接受挑战，并立刻开始检索周遭相关的一切事和物，找到对你可能有用的信息。它甚至会深入查找你以往的经历，找寻有用的信息，让你突然间发现那些在深陷困境时被你完全忽略的相关信息。也或许只是随机阅读了一篇与你所面临的挑战关联甚微的在线文章，可能就让你触发了某种创造性的想法。或者在你清晨醒来时突然出现了一种全新的想法和观点。当头脑处于这种状态时，积极的好主意似乎无所不在。

对绝大多数人而言，将困难视为挑战并非是一种自然而然的习惯。但根据我的观察，这恰恰是敏捷销售人员长期养成的习惯。他们深谙此道，并以此充分释放他们的创造能力，解决所面对的各项难题。

AGILE SELLING

将你的困局转变成挑战。

|第 7 章|
重新审视失败

敏捷的销售人员所具备的另一种心态是能够以一种截然不同的方式去对待失败。当竞争对手赢得某个项目时，敏捷的销售人员不会因此将自己视为失败者。他们会像我们一样感到失望，但不会由此归咎为自身能力的不足，在他们看来，失败只是个案而已。

最近我听了一场萨拉·布莱克利（Sara Blakely）的访谈，她是美国著名塑身内衣公司 Spanx 的首席执行官，同时也是全球最年轻的女性亿万富翁。她的公司初创于 2000 年，在经历千难万险之后，萨拉·布莱克利将最初的梦想变为了现实。当被问及成功之道时，萨拉提及在每天晚饭时她父亲会问的一句话："今天你遭遇到失败了么？"假如回答一切顺利时，她的父亲会深感遗憾。这意味了她今天没有成长，也没有学习或者发挥潜能。

敏捷的销售人员并不会将失败视为能力的反映，而将之解读为是学习过程中应有的组成部分。他们预计会遇到困难，也并不比你我更喜欢失败，因为当开始工作后，困难会不可避免地出现，但这正是他们据以获得学习的机会。

就个人而言，我认为这是一种积极地面对失败的态度。多年以来，我亦经历过种种失败、挫折。有时只是一些微不足道的失误，而有些确实是大错特错。我永远不会忘记自己还是一名新人时所犯下的错误，那次我严重地冒犯了某家公司的首席执行官的助理汀丝莉（Tinsey）。当我第一次与她沟通时，汀丝莉表示她已经决定购买复印机——她将成为我的客户。但在和她沟通后的周末里，我恰好读了一本书，教我如何和更高层的领导，而非下属直接对话。因此，之后的周一上午，我当即和这家公司的首席执行官预约了一次会面。

当我赶到这位首席执行官的会议室，打开房门的那一刻，汀丝莉出现在我的面前。她狂风暴雨般向我发难，报复式地对我进行言语攻击，掺杂着各种 4 个字母的词汇（英语中辱骂的词汇）。我都记不得是如何走到大堂门口的，勉强支撑着才没有跌倒。

我失败了么？毫无疑问，彻底的挫败。汀丝莉驱赶着我到大门口，告诉我永远不要再回来，而我也确实没有再回头。但是我并不为该事件感到痛心疾首。我认识到这是学习者正常的犯错，也是一次深刻的教训，促使我进一步成长和成熟。我从中学会了什么？永远不要越级办事。如果你确实需要与当前联系人之外的人员沟通，确保你有一个非常有力的缘由，并且在尽可能的情况下与当前联系人共同安排这次会面。

当你将失败视为宝贵的学习经历时，一切事情都发生了改变。你不再对自己严苛要求，执意追求十全十美。整体上看，你的压力会减轻许多，这是件好事，因为大脑现在能够更全面、更有创造性地进行思考。

审视失败能够让你更自由地学习、尝试，提升自身能力。这种心态在担任新职位的时候尤为重要。在早期过分严苛地要求自己反而会妨碍潜能的发挥。

只要仍在努力尝试，你就没有失败，因为这是处于学习的过程之中。

我喜欢这样的想法，总是能激励我不断向前，成功绝非遥不可及。

当你是一位经验颇丰的行家时，重新审视失败会同样显得重要。在经历了很长的初学者阶段，你会感觉新的信息越发难以掌握，学习新技能就如赶鸭子上架。整个身心向往着墨守成规、固步自封。这可能会成为一项重大的潜在风险。销售行业如逆水行舟，不进则退，最终难免被淘汰出局。

如果你正面临失败，现在便是做出决断的时刻。你可以生活在失败的沮丧之中，或者选择另一种方式：用新的角度审视失败，坦然接受既成的现实，将此视为学习过程中的必经之路。

失败乃成功之母。要记住的是，不要被同一块石头绊倒两次，不懂得从失败中汲取教训，你会重复失败，一次又一次被该死的石头绊倒，直至鼻青眼肿或幡然醒悟。只有重新看待失败，你才会取得进步。这样的心态在学习过程中至关重要。

AGILE SELLING

重新审视失败是学习过程中非常宝贵的一环。

23

第 8 章
设定正确的目标

在通往成功的道路上，你应该制定怎样的目标？作为销售人员，我们经常会面对这样的绩效指标，如"达成 165% 的年度销售额"或是"完成 200 000 美元的销售额"。诚然，这种想要成为销售明星的愿景值得赞赏，不过研究显示，遥不可及的目标反而会形成一种障碍，尤其是在你尚未具备一定的专业技能之前。

在我自己身上就发生过类似的事件。我曾经碰到过一位销售主管，他在一月份为我制订了一项全年的营收计划。他鼓励我步子要迈得更大一些，并帮我选择了一项我从未企及的目标。虽然我接受了建议，但这仍让我感觉不切实际。这位主管建议我将目标分解至每个月、每周甚至每天，以便于跟踪进展状况。但这丝毫没有起到作用。第一个季度一开始我便落后于计划。在第二个季度行将结束的时候，这个目标已经变得遥不可及。更糟糕的是，这种现实与理想间的落差让我茫然不知所措——即便我的工作很有起色，甚至收获颇丰。

假如基于绩效的指标是最主要的驱动力，你会将个人价值和其结合在一起。由于自尊心的缘故，在指标无法完成时，你很有可能将之归咎于除你之外的所有事物。

相反，我们实际更欢迎"改善型"的目标。根据心理学家唐·汪德维尔（Don VandeWalle）的定义，这些目标可以是掌握全新的技能、把控不同的局面，以及提升个人的自信心。在他的研究中，追寻"改善型"目标的销售人员实际会达到更高的销售业绩、更努力地工作、更缜密地进行规划，并且取得优异的成就。很显然，改善型的心态设定比天马行空的绩效指标更能产生激励作用。

除此以外，敏捷的销售人员所遵循的方式方法能够确保他们持续提升绩效。在《成功》（*Succeed*）一书中，作者海迪·格兰特·霍尔沃森（Heidi Grant Halvorson）提出了这样一种观点。她在哥伦比亚商学院激励科学中心的研究显示，我们需要两种不同类型的目标：

* "为什么"的目标作用于激励方面。这帮助我们感受到达成目标所能得到的收益和效果。
* "做什么"的目标有助于勾勒出愿景的全貌。这意味着我们需要刻画描述，如何运用各种知识和技能，详细明确需要采取的各项步骤和细节来实现最终的目的。

最近我听了一场对"老虎"泰格·伍兹（Tiger Woods）的采访，那时他刚刚赢得了 2013 年美国职业高尔夫巡回锦标赛，这是他在该锦标赛上的第四个冠军。在历经 3 年的低谷之后，他又一次重回巅峰状态。这位解说员在采访伍兹时这样问道："你觉得你是如何做到这一点的？"答复是"我在不断地提高"。

泰格·伍兹并没有说他一直抱着赢得锦标赛的梦想之类的话。相反，他只关注于持续的改善，这其中包含着一系列"做什么"的目标。多年以来，他不断分析高尔夫比赛中的每一项细节，找出可以改善和提高的方面。最近一段时间，他致力于完善挥杆技术；这是他职业生涯中在挥杆技术上的第三次重大调整。另一方面，他也专注于推杆技巧的改进，因为他需要更稳定地发挥这项技术。

为什么伍兹能够做到这些呢？他当然渴望重登冠军宝座，但是仅仅陶醉于这个愿景不会对实现目标有任何帮助。而更为重要的是，如何保持增量而稳定地提高。另外，在取得进步的过程中，不可避免地会遇到瓶颈，他能无惧因阻力而致成绩下滑的压力，百折不挠，风雨兼程。

这正吻合敏捷销售所提倡的理念与心态——设定下"改善型"目标。而"为什么"的目标完全是个性化的事情，他们清楚是什么在激励着他们。因而会缜密地分析目前的状况，找到努力的方向。

在后续章节中，你会看到许多改善销售技能、实现快速成长的策略。你可以找到非常细化的方式来提升学习的敏捷性并深化认知。所以，请确保在发展道路上的你已经设定了正确的目标。

AGILE SELLING

将绩效指标调整为改善型目标。

---

第三部分

18 项获取销售信息的关键须知

要在较短的时间里掌握庞大的信息量，你需要另辟快速上手的途径，在最短时间内掌握工作中"现在必须知道"的尽可能多的信息。

AGILE SELLING

Get Up to Speed Quickly in Today's
Ever-Changing Sales World

AGILE SELLING
Get Up to Speed Quickly in Today's
Ever-Changing Sales World

| 第 9 章 |
通往专业化的捷径

　　大多数人从未关注过自己是如何进入学习状态的。通常，当面临从未接触过的全新局面时，你会尽可能想要胜任一切。但你很快便会不知所措，事实上，你甚至开始怀疑能否学会这一切。你对上述这些是否感觉非常熟悉？

　　不论你相信与否，这 15 年来，我一直生活在一个被海量信息所淹没的世界里。从那时开始，我致力于帮助企业提升他们新的产品或服务的销售业绩，然而当我着手工作时，距新品发布的日期往往仅有数月时间。在仅有的几周时间里，我不得不学习了解他们的新产品、顾客、市场环境、竞争对手以及行将改变的商业模式。同时，我还必须理解他们的营销理论、各项挑战以及成功过程中可能遇到的障碍。

　　从客户那里得到我所需要的信息通常非常困难。有时候什么都没有；而有时我得浪费很多时间来检索大量毫无关联的信息以寻找有用的资料；或者付出宝贵的时间来倾听那些好意的人们侃侃而谈，虽然是以收集信息为目的，但是听到的大都是不相关的内容。

　　当领会了我所需要知道的每件事以后，我需要快速准备好销售材料，包括理想中的潜在客户、有效的价值定位、客户对话脚本、首次会议规划、演讲幻灯片，以及其他各种工具来帮助销售人员快速准备妥善。除此之外，我还需要为客户的销售团队开发一系列完整而定制化的培训规划。

如果将我所经历的这一切归纳为在短时间内了解大量信息，那么这样的描述还是显得不够全面。在最开始时，我每年会准备 3 次发布，不久之后，这个数字就变成了 10 次、甚至 12 次。而使情况更加复杂的是，至少 60% 的客户发布完全是那些我所不熟悉的市场领域。经过这么多年，我或许已经是全球在不同市场环境销售产品或服务最多的一个人了呢。

曾经有过许多次，我怀疑自己无法做到这一切。但经过这么长时间，我已成为一名敏捷的销售人员，拥有不可动摇的自信来介入各种类型的企业，快速找到我所需要的信息，将其转变为有用的销售工具与培训课程。从根本上讲，帮助我完成这种异常困难的挑战主要凭借两点：找到我需要学习的所有内容；掌握快速消化所有内容的方法。

作为销售人员，我们并没有太多时间可供使用；我们被要求能立刻产生结果。快速学习的技能可以有助于迅速吸收新的知识，掌握不同的技能。这便是本章节中的重点，习得掌握知识最基本的技能。在实际开始工作之前，你应当通晓所销售的产品以及了解产品的销售对象。

AGILE SELLING

了解学习的对象和方式是通向成功道路的基础条件。

|第 10 章|
运用快速的学习技能

快速学习是一种可以逐步掌握的能力。绝大多数人并没有认识到这一点；他们认为自己不擅长在短时间内学会新的事物，或者压根对此不抱希望。通常而言，我们自以为只是被动地接受公司需要我们知道的信息。怀着这种心态，我们毫无章法，跟跄而行，总感觉无法掌控无尽的信息信息。面临着如此庞大的学习内容需要掌握，我们却不曾想到过有一种非常高效的学习方法。

我之所以会掌握这种学习的技能，是由于这是开展咨询工作中必不可少的。我的整个工作经验便是不断地尝试、允许犯错，没有现成的指南告诉我如何才能最有效地学习。但是经过之前数十年的时间，有越来越多的研究在努力探索让我们大脑更高效工作的方式方法。我们现在对大脑如何理解、记忆、决定、抑制、分析、排序和创造的机理有着更加深入的了解。在接下来的章节中，你会了解到这些神经系统科学方面的发现可以运用于各种实践、操作技巧和诀窍、以及知识的快速学习中。

我们将专注于以下 6 项快速学习的策略。事实上，不论想要精通哪个方面，你都可以使用这些技巧：学习驾驶飞机、开发一个网站，或是掌握一门新的语言。原先的知识和经历会影响到你的出发点，但这并不会改变你对这些策略的应用。接下来，我们快速概括一下这 6 项策略。

分块。将较大的主题科目分解成小型的、易于消化吸收的信息块，这永远是你展开快速学习的第一步；否则，大块分配的学习内容会让你应接不暇。大脑喜欢结构化，它会将所有的新知识装载到相应的文件夹，用它认为最合适的方式来分门别类。通过创建这些文件夹，你将显著改善记忆，延长信息在脑海中驻留的时间，同时释放出更多的思考力，用以更加复杂的脑力工作（比如规划某项大客户策略）。

排序。当将某个主题或技能分解成独立的碎片后，你需要判断学习的先后顺序。绝大多数人并不在意这个步骤；他们只是不加选择地接受所有的信息。但若无法按照准确的顺序开展学习，往往会增加学习的难度。

关联。将新的技能、信息与你原先已知的事物联系起来，这种方式能够加快学习能力与记忆力。例如，你会将新的职位折射到原来的工作上去。运用关联策略是领会全新理念的最快方式之一，因为你的脑海中已经存在了那些"文件夹"，只需要装入新的知识点即可。

卸载。一不小心大脑就会宕机。需要记住的越多，它工作起来就越缓慢。要记住泛滥的信息的关键点在于，将你所学会的内容取出来，存储在另一处，以便之后查阅。这算不上是精心构思的策略，不过非常有效——释放大脑的内存空间用于学习更多知识。

演练。在你学习任何技能的时候，审慎地练习实践必不可少。对于销售而言，最佳演练方式便是角色扮演。许多销售人员忽略了这一步关键策略，只有通过这种半实战方式来检验已经掌握的知识，你才有可能知道在关键环节你是否已做好准备。演练构成了完整的反馈环路，而且每次在演练新的技能时，你也使这项特定工作的操作能力立刻得以巩固。

优先。你永远无法同时做好两件事情。虽然与流行的观点相悖，但同时处理多项任务着实不是做好事情的方式。实际上，这会降低大脑的处理能力。为确保你最有效的思考力，在每天开始工作的时候，决定哪些是最重要的工作，每段时间只做一件事情，将其他事情排除在外。

在接下来的章节中，你会发现上述的学习策略，可以以许多方式运用到不同的销售工作中。同时，相应的工具能够帮助你在专业化的道路上加速成长。

AGILE SELLING

分块、排序、关联、卸载、演练、优先，这些策略能够帮助你更加快速地学习。

| 第 11 章 |
审时度势

数年之前，我在担任销售指导时，曾遇到过一名叫安东尼奥（Antonio）的销售人员。我们初次见面时，他正处于销售职业生涯中的低谷。安东尼奥新近入职了一家全方位市场营销策划方面的企业，但是他已经对是否应该继续担任该职位心生质疑。

除了仅有的半天情况介绍，安东尼奥并没有从这家公司接受过任何系统化的销售培训。他被动辄转于公司各部门。每个人都希望将相关领域的知识一股脑地装到安东尼奥的脑袋里去，这使得他很快便迷失在碎片化的信息迷宫之中。安东尼奥的大脑不堪重负，想要尽可能记住这一切，但是收效甚微。

我相信，你一定也经历过这种被信息淹没的情况。当面对有太多需要掌握的内容时，你往往不知从何着手（如图 11—1 所示）。即便公司配置了相当到位的职位入门程序，但这依然会让你无所适从。由于缺乏准确的指引，在运用所有摆在面前的信息材料时，你通常只能依照自己的方式我行我素。我在从事产品发布的咨询工作时，也经常会被工作中某个项目压得喘不过气。脑袋嗡嗡作响，可怜的脑容量再也容纳不了更多的内容，仿佛在抗议道："停下！再也受不了！"

产品线

定价

客户关系管理系统　服务提供　演讲材料

公司组织架构　订单流程　销售目标　政策信息

竞争对手　各项资源　方案提案　演示材料　销售工具

最佳实践

触发事件　公司历史　潜在客户

目标市场　客户顾客

支持服务

商业案例　商机产生

配置信息

图 11—1　太多的信息使人无所适从

我相信安东尼奥面对的这种把控无力的感受在工作中是司空见惯的。但想要渡过难关，他必须改进自己的学习过程。忘记这种被动接收的行为模式，不再一次性吸收所有的信息内容。考虑到他大脑已经不听使唤，这绝对是不可能完成的任务。

要帮助他找到一条更好的途径，掌握那些必须学会的内容，安东尼奥所要做的第一件事情便是卸载、卸载、再卸载。我让他写下他认为必须做的每件事情。那是一张冗长的名单，包括认知公司不同服务的全部细节、理解其特有的方法论、知晓竞争友商的差异点、如何定价、如何安排会议，等等。

下一步，我需要安东尼奥写下别人已经告知他的每件事情。这张长长的列表上记录着如何使用客户关系管理（CRM）系统、填写报销表格、方案中所应包含的内容、目前正在进行中的客户项目、保单信息、如何制作好的演讲材料，以及如何请求帮助，等等。

将所有这些内容从他脑袋里搬到纸面上，这颇有帮助。看着列表上长长的一串，安东尼奥意识到他是如何被淹没其中、难以记忆的——原因只有一个：太多内容了。从眩晕中稍作喘息之后，他现在可以专注于从混沌中理出头绪来。

接下来我们转向分块。根据《大脑在工作》（*Your Brain at Work*）一书作者戴维·洛克（David Rock）的研究发现，对于既定的信息量，我们的大脑最优化的处理能力是处理 4 个信息块。而在我从事产品发布信息的日子里，我发现销售人员所使用的最佳分块依据是：企业、产品或服务、客户与销售。每个信息块下面还包含各个子信息块。

为了尽可能多地记忆、保留信息，安东尼奥需要将信息分割成 4 种不同的类型。我向他展示了思维导图（见图 11—2）来帮助他开始这项分类程序，这是我多年以来在所有的产品发布项目中都有使用的一项工具。

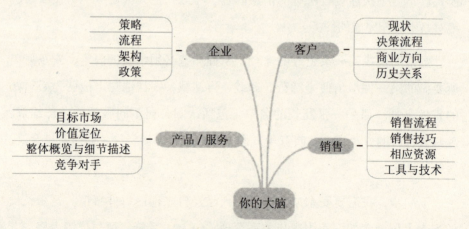

图 11—2　用思维导图对信息进行分类

这 4 个信息块及其子集，涵盖了你所要学习的绝大部分内容，帮助你在全新的销售岗位上迅速入门。而这也是首要的第一步——弄清你所要学习的对象。

一旦创建了这些信息块，后续应该怎样做呢？你需要在脑海中为每一类板块建立起存储"文件夹"——标记特定的名称，例如，目标市场、潜在客户策略，或者是客户关系管理系统。

除此之外，你同时还需要运用实际或虚拟的文件夹存放接收到的，或是在学习过程中发现的所有相关信息。这一步貌似简单的动作实际上是记忆时非常重要的一步策略，能够帮你在需要使用这部分信息时，及时回忆。保持文件夹与思维导图的可视化——它们可以像是一张检查列表，让你清楚看到已经学习的，与需要处理的部分。

现在回到安东尼奥的事例上。在将新工作所要求的各项知识打碎分块后，他立刻感觉轻松了许多。事情并不再是以前他所惧怕的那样混乱不堪。当开始将新的学习策略运用到所收集的信息上时，他能够更加快速地加以记忆，找出哪些是他已经知晓的，并决定下一步方向。

分块只是敏捷学习过程的起始。在建立起这种知识仓库后，你下一步的工作是找出学习的顺序，在每个领域所要学习的程度，以及尚未了解到的那部分知识的优先排序。在仅有的短暂时间内，成败取决于能否正确地完成上述的排序工作。

AGILE SELLING

分块策略避免了思维上的混乱，并且能提升记忆力。

AGILE SELLING
Get Up to Speed Quickly in Today's
Ever-Changing Sales World

|第 12 章|
加快踏入精通业务的步伐

对任何职位而言，最初数月都是一个不断学习的过程。我相信在这段时间，你很想要填鸭式地将所有知识塞进脑袋，但这几乎是不切实际的，除非你所担任的是一项非常简单的工作。根据销售管理专家李·萨尔茨（Lee Salz）的看法，新入职的销售人员要达到接近其前任的业绩最少要花费八个月的时间——即便他们销售经验丰富。

你不可能在一夜间成为专家，因此你需要为自己设定一系列不同的目标。具体有哪些呢？

30 天内打造行业权威。这代表着只要在一个月内，你就可以掌握工作中顾客与潜在销售对象的绝大部分重要信息。你可以做到：

* 与潜在顾客建立起良好的沟通，而不是让人看起来像个菜鸟；
* 提出有见地的问题，将自己定位为可依赖的对象；
* 展现出你对于顾客问题、挑战、目标等方面拥有丰富的知识。

为了在 30 天内打造这种行业内的权威地位，你需要的是彻底深入到业务之中，我的意思是，你需要即刻开始怀揣着强烈的求知欲望，专注于任何有机会学习新知识的各个方面。根据领先的人才管理公司 DDI[①] 公司的说法，良好的开端是成功的一半。假如新员工在最初的 30 天内感觉没有提升，他们会失去信心，继而厌恶这份工作，同时开始退缩并抱有消极的心态。然后他们开始找寻另外的工作，从而陷入周而复始的恶性循环之中。

这便是为什么你需要加快踏入精通的步伐。30 天热情而深入的学习会带来巨大的回报。这里所列出的一些小技巧将有助于你在这段时间内攻城拔寨，胜券在握。

将自己设置为学习模式。这一点相当简单，随时准备好学习。这就像你在上学的第一天绝不会忘记带上笔记本和笔，在新的岗位上做好准备也同样如此。你可能在接下来的几周内会记录下许多笔记，因此请随时带上笔记本。同时我建议你准备一些文件夹，这样你可以立刻进行分类，在学习过程中根据产品、服务、市场、购买者与决策制定流程来分类排序信息。否则大量信息的累积会让你难以在合适的时候找到所需的内容。如果你偏好在线整理，同样做好准备——市场上有许多有用的在线整理工具，你同样可以使用文件夹标签。概念完全一样，只是媒介不同而已。

运用好你的蜜月期。没有谁会期待你在新担任某个岗位、接手某个新客户时便知晓一切。大部分领导与同仁都会愿意解答你提出的问题，因此别让你的自我意识妨碍了学习的过程。在手头准备一张你迫切希望得到答案的问题列表。

定期向你的领导汇报。你的雇主或许会任由你用自己的方式去了解学

---

① 引自美国智睿咨询有限公司（Development Dimensions International）主席兼首席执行官威廉·白翰姆（Willian C. Byham）博士的白皮书《用强劲的开局来实现成功的职业生涯》（*Strong Start to Job Success*），www.boyden.uk.com/mediafiles/attachments/1375.pdf

习。但即便这样，定期分享你最近的所知所晓能够有助于他或她更好地了解你在该职位上专业化发展的状况。你的领导在知晓你已经在快速上手时一定会对你印象深刻。分享你在接下来一周的规划。附上日程表告知你准备如何使用时间。你或许没有认识到这一点的重要性——通常你会得到特别的支持和帮助。

确定最适合自己的学习方式。每个人都有自己偏好的学习模式。就个人而言，我喜欢阅读；我是一个视觉系的学习者。而你或许更偏向于收听，或者身体力行的实践。重要的是找到最适合你的学习方式。

最后，善待自己。在深入学习的过程中，你是自己最大的敌人。专注于"改善型"的目标，随时花些时间来思考整理一下你已经掌握的内容。有时你会发现不经意间已经知晓了许多。

在接下来的部分，我们将专注于这30天深入学习的第一步，这会让你在新的销售岗位上的学习效率呈指数式提升。

AGILE SELLING

运用30天的深入学习，成为所在领域的专家。

AGILE SELLING
Get Up to Speed Quickly in Today's
Ever-Changing Sales World

|第 13 章|
专注 "关键须知"

最近，我收听了《每周工作 4 小时》(*The 4-Hour Work-week*) 一书的作者提姆·菲利斯 (Tim Ferriss) 谈及快速学习，在难以置信的短时间内掌握某一新课题是他的专长。他的学习流程包括将新信息分割成破碎的内容块，然后从中找出 "最小的有效剂量"，从而找到方法，用最少的工作量快速产出卓有成效的结果。

这种策略对销售而言同样行之有效。要从新的销售岗位上快速成长起来，你并不需要一下子学会所有的内容，而且这样的尝试恰恰只会事倍功半；没有任何方法可以让我们记住所有事情。为实现精通，你应该立刻专注于找到 "最小的有效剂量"。

在历经无数次发布项目之后，我认识到某些信息对快速提升销售绩效至关重要，并且适用所有客户类型。而假如无视这些 "关键须知"，在将潜在客户转化为有效商机时，你将面临巨大阻力，甚至难以与其进行有效的沟通交流。

同时，我发现关于 "关键须知" 的信息收集过程也颇有讲究。如果把握不当，你会迷失在信息的原始丛林中。人们会热情地把他们认为重要而实际却是无用的信息拿来与你分享，这实际上只能起到相反的效果，让你

41

更加晕头转向。假如你目前正面临这样的处境，告诉这些"老师"，你非常感谢他们所提供的帮助，不过你的记忆力有限，最好等待一段时间后再来学习这些内容。拒绝时记得保持微笑，然后继续优雅地把控自己的学习过程。

下列问题能够帮助你区分所有的学习课题，哪些是当前急需要的，而哪些是以后继续进修的。在实际工作中，我坚持运用这些指导性的问题来区分关键与非关键的信息。你也许要与许多人沟通才能获取所需的答案，但这样做绝对是值得的，你会变得更有效率，更加敏捷。

提纲挈领。研究表明，在深入具体细节之前，你的大脑首先需要了解事物的概况。因此，请向你的领导、同事询问下列问题：

* 你能否介绍一下我将要销售的产品或服务？

* 这些产品或服务的目标市场是哪些？为什么呢？

* 这些产品或服务如何帮助我们的企业客户？他们将会得到怎样的产出？

这些问题会让你对行将销售的产品、对象与价值点有个框架性的认识。

决定优先级排序。区分"关键须知"与"可有可无"是我所偏好的步骤，这样能即刻简化你的工作。求教你的领导、同事来判断优先级。分析他们何以会作此答复，从而使你对其中的机理能有更清晰的了解。

* 哪一款产品或服务是你所在公司今年取得成功的关键？

* 哪一款产品或服务是最佳的敲门砖？

* 假如我在今年只能选择一款产品或服务进行销售，我该做何选择？

* 哪一款产品或服务是我目前的客户最感兴趣的？

* 哪些产品或服务是目前市场上比较冷门的？

* 假如要面向不同的行业开展销售，最适合从哪里开始？

* 哪些细分市场目前存在最佳销售机会？

* 谁是决策制定过程中最关键的角色？

* 是否存在其他因素（例如，一年中的时间）会影响到产品或服务的销售？

通过上述这些问题，你可以找到"最小的有效剂量"，目前先暂时放下那些不必要了解的内容。从此刻起，你的工作应当着重在于尽可能多地了解那些"关键须知"。

针对他人对上述问题给出的每项见解，追问一句："你能否为我举一个案例呢？"尽可能了解这些案例中的任何细节，因为实际场景与案例往往比理论概念更易于记忆。

谈到案例，你是否还记得第 11 章中安东尼奥的事情？我提到过他所销售的是全方位的市场营销策划服务。他所在的公司定位为"一站式完成市场部门的各项工作"，为涵盖面较广的不同行业提供包括品牌宣传、自动化营销、商机产生、弹性的在线培训等在内的服务。

毫无疑问，安东尼奥的脑子被杂乱的信息所困。采取了我的建议之后，他向主管反映了目前对所需了解的内容不堪重负的处境。勇于讲述是安东尼奥所迈出的重要一步，事实上，主管丝毫没有察觉到他当前的窘境（注意：你的老板并不会读心术，在遭遇困境的时候你必须大胆申述，尤其是在开始阶段，以便得到他或她给予的协助）。为帮助安东尼奥快速上手，他们讨论了我在上文中所列出的各项问题。

通过这次交流，这名主管决定让安东尼奥在未来三个月，将所有时间花在向高科技行业销售商机挖掘的服务上。对这些企业而言，如何获取更多高质量的商机是他们所关注的，因此，在初期与他们建立沟通会议比较容易。

现在，安东尼奥不再需要了解公司许多市场营销服务方面的内容，而是可以更聚焦于某个专业领域。他深入了解了这个特定的细分市场。通过和主管、同仁沟通上述问题，安东尼奥建立起"关键须知"的知识体系。不久之后，他便累积了该领域所需的权威知识，能够和潜在客户建立起颇有效率的沟通渠道。

通过专注于"关键须知"和"最小有效剂量"的策略，安东尼奥成为了该领域的专家，这帮助他在一些项目上快速获得成功。以此为基础，他可以更加轻松地扩展至其他的细分市场，向这些客户销售大量不同类型的服务。

本章的要旨在于从关键的信息着手，这样做可以帮助你坚实下一步发展的基础。或许你无法像安东尼奥那样聚焦于某个特定的细分市场，不过可以对所要了解的内容进行排序，从而从最有价值的内容开始学习。提出适当的问题，判断优先次序，然后全身心投入其中。

AGILE SELLING

在起始阶段着重了解"关键须知"。

AGILE SELLING
Get Up to Speed Quickly in Today's
Ever-Changing Sales World

第 14 章
掌握术语

这是一个小诀窍。当初到某个全新的环境时，你会很快发现每家公司都在使用自己的语言。如果对此不熟悉，那些行话听上去就像是外星语言。你周边的同仁会在交流中使用分区剪除（partition pruning）[①]、日常运营收入、人力资本分析，以及诸如 DBA（数据库管理员）、B2B（企业对企业的电子商务模式）以及 BPO（商务流程外包）等，或者频繁提及 TCO（总体拥有成本）、EBITDA（息税折旧及摊销前利润）以及 DSO（应收账款周转天数）等专业术语。

在担任了这么多年销售职务、从事无数次新产品发布之后，我发现快速学习掌握这些术语是如此地关键。

从第一天起，创建一份属于你自己的词典。每当听到任何一个新词汇或短语时，立刻将其记录下来。然后，在遇到适合的机会时，向公司同仁求教其定义，确保你所得到的是精确的定义，否则这些词汇仍旧会引发歧义。

你可以将你的个人词典用以下分类方式进行整理。

---

① 分区剪除就是在查询程序中跳过不必要的存储分区。

* 公司类：任何在你企业内特别使用的术语或缩写。这或许涉及许多主题，包括产品或服务、财务期权、酬金规划。

* 行业类：代表着在你所处的行业中被同行公认的、用途更广泛的术语。这些词汇可能被用于描绘各种流程、趋势、系统或方法论。客户会默认你了解这些信息。

* 财务类：表示各种财务用语，有助于你的潜在客户，从他们的兴趣点来判断是否需要从当前的状态下做出转变。了解潜在客户首要财务驱动力是必不可少的。

* 其他类：不适合上述分类的各种词汇、短语、俚语或缩写的归类。我永远记得我的销售主管曾有一次告诉我需要"跟着潜在客户一直到床上"。通过解释后，我才知道这完全不是字面上的意思。

创建一本个人的词典能够加速你的记忆力，让你更快地领会各种新的观点和知识，并顺利地开展交流，同时也可以帮助你快速融入到同事与客户的交际圈中。

这种词典应该采用怎样的格式呢？答案是随心所欲，只要适合即可。你可以只是写下来，创建思维导图，制作速记卡片，做成电子表单，或者选择在线保存。就个人而言，我喜欢将所有内容记录在一张表单上，使人一目了然。选择方式的关键在于是否便于操作，易于阅读。

无论何时，当你受困于某个词汇或短语时，勇敢地提出这个愚蠢的问题："这是什么意思啊？"一时表现得无知总比永远保持无知要好。

AGILE SELLING

掌握术语能够深化对所属领域的理解认识，并建立起权威。

第 15 章
深入了解你的购买者

根据多年来的销售经历，我发现这个话题对于成功的销售人员而言是不可或缺的。假如有机会，我希望能够站在全球销售峰会的论坛上振臂疾呼："了解销售的对象远比知晓你所卖的产品更加重要。"

是每一个个人，而非企业或组织才会做出购买决策。越是了解顾客的要点，你便会处于更有利的制高点。毋庸置疑，这便是你当下的"关键须知"。

遗憾的是，许多企业并没有能认识到这一点的重要性。他们耗费大量时间来培训新人有关产品或服务的各项细节。当被问及购买决策者时，他们却无法给出足够而精确的对策。不过，切勿因此而放弃对这方面情报的搜集与了解，因为这是你实现成功销售的关键所在。因此，你必须采取行动，在该领域不断探索。

第一步，先找出哪些人会在购买决策中发挥作用。会是首席市场总监？负责对外公关的企业副总？展会总监？又或者所有这些人都是？伴随着企业规模的扩大，通常会由 5~7 人组成的委员会来共同制定购买决策。虽然所有参与者对你都十分重要，但你仍需从中区分轻重缓急——找到最强有力的决策者，定位你的主攻方向。

47

一旦明确了他们的优先排序，你就需要理解他们各自的角色与职责、目标、动机、现状和所面临的挑战。这些关键情报将有助于你：

* 编撰恰到好处的消息，向不同客户传递相应的声音；
* 规划客户接洽会议；
* 帮助他们做出准确的决策；
* 将自己与竞争对手区分开来。

不相关的信息很容易会让人迷失其中。这便是我为什么要开发购买者矩阵——一种实用工具的原因——不让自己踏错节奏。这张工作表其实是一张快照，能够反映出关键的决策制定者最重要的信息，让我在整个进程中始终抓住购买者最关心的核心本质。多年来，在产品发布、经营自己的业务以及进行销售培训过程中，我都会使用到这种方法。要完成这张购买者矩阵并不简单。在我所举办的各类研讨会中，即便是有经验的老销售也会在某些问题面前卡壳。但其中的聪明人会意识到如果能够找到答案，无疑会使他们处于一个更强有力的位置。

你需要遍历公司中的许多人才能得到一幅完整的蓝图。可以考虑与你的领导团队、同僚、市场营销或任何接触一线市场的人员交流来收集他们的见解，丰富你的矩阵图。

另一个完成购买者矩阵的有效资源是使用 LinkedIn。假如你认识那些担任购买者角色的人。通过浏览他们的阅历和工作描述可以了解到他们的职责、成就与创新计划。你可以通过高级检索功能来结识这些职位上的朋友，从而深入研究。最后，你还可以直截了当地询问潜在顾客回答矩阵中遗留下的问题。假如感到你是真心对此有兴趣，他们通常都会乐意和你分享。

购买者矩阵

职位：_____

角色 / 职责：他们负责的内容，或者期望的管理目标？

业务目标与指标：他们想要达成的目标是什么？如何进行衡量评估？是怎样考评的？

战略举措：他们有怎样的商业战略或举措来帮助他们达到目标？

内部挑战：该企业目前可能面临哪些问题，从而会妨碍目标的达成？

外部挑战：有怎样的外部因素或行业趋势可能使得他们难以达成目标？

主要接口人：谁是客户最频繁接触的对象（例如，同事、下属、领导和外部人员）？

现状：顾客现状如何？这和你所提供的产品或服务有何关联？

改变的驱动因素：是什么会使得他们从目前已经习以为常的模式中进行转变？

改变的抑制因素：是什么让他们保持现状？即便对此并不满意。

购买者矩阵的工作能够对你建立相关领域的权威性大有帮助。在你的新职位上尽早收集这些见解与洞悉有助你更好地服务潜在客户，同时大幅提升业绩。

下一步，我们将快速看一下你潜在顾客的现状。同样，该决定性的"关键须知"信息会让你在专业精通的道路上大大加速。

AGILE SELLING

使用购买者矩阵来确保对关键决策制定者深入的了解认识。

奖励：从 www.agilesellingbook.com 上下载免费的购买者矩阵与模板。

AGILE SELLING
Get Up to Speed Quickly in Today's
Ever-Changing Sales World

| 第 16 章 |
掌握客户的现状

　　排除了你所提供的产品或服务，你的潜在客户是如何处理日常事务的？如果不了解这一点，你的销售过程无疑将会艰难得多。但是企业无数次忽略了这一要点，没有与销售人员分享这些极具价值的信息。为什么会出现这种失误呢？因为企业压根没有意识到销售人员对这类信息的需求是多么必要和迫切。

　　事实上，客户安于现状是你最大的竞争对手。很少有客户打算主动来改变他们当前的工作方式。他们鲜有时间和精力耗费在这上面，别忘了，他们的生活中亦充斥着各种压力。销售基准指数（Sales Benchmark Index）的研究显示，在销售预测中，有60%的项目最终会因为客户无法"下定决心"而付之东流。

　　天哪！要知道许多丢失的机会都源自于优质的潜在客户，他们在销售跟踪进度上已经付出了很长时间。这就是为什么你需要尽早地认识了解他们的现状。每个清晨你都应该带着这个问题起床。除非真正理解了这些潜在顾客目前是如何满足业务所需的，否则你很难找到一个很好的理由来促使他们做出改变。

　　你可以从三种适合当前产品或服务销售的常见场景入手。在开始时，询问同事这样一个问题："目标客户在没有我们之前是如何工作的？"他们是否会选择竞争对手，如果是的话会是谁。假如你从事的是服务性业务的话，是否有竞争对手已经能够交付你所提供的服务了？

一旦调查清楚这些最常见的背景情况，接着你就需要涉及更深层次的内容——向你的同事调查以下这些问题，从而洞悉为什么这家企业会选择转变。

* 他们以目前的行事方式或许正面临着怎样的问题？
* 这些问题会影响到效率？成本？营业额？或是其他部门？
* 当前这种状况帮助他们实现了哪些目标？
* 激发改变的商务原因会有哪些？
* 如果他们选择自己来做的话会遇到哪些挑战？

你要在最初的 30 天内弄清楚这些问题。你的目标在于找出上述现状中潜在的风险与陷阱。运用你手边的一切资源来获取这些信息，利用在线搜索，聆听专家的建议。

全面了解这些信息将造就焕然一新的局面。当刚开始销售科技类产品时，我的许多潜在顾客都在使用某厂商提供的一种陈旧的办公自动化系统。由于我并不理解这一系统，这些用户很容易便将我拒之门外，他们表示当前系统得心应手，毫无问题。在经历了无数次努力之后，我尽一切可能深入研究了现有系统的各项功能，找出其中对于业务流程的影响。最终我找到了系统中存在的许多不足之处，这些系统的软肋实际提高了公司的人力成本。掌握了这些宝贵的信息，我顺利敲开了许多客户的大门，并促成了大量的销售。

李曾经是一位与我共事的服务产品的销售人员，在他从事销售航空意外保险的时候，曾面对十分艰巨的挑战。他所有的潜在客户都已经有相应的供应商，在绝大部分时候，他们会不加考虑地去定期更新保单。而更难的是，人们并不想浪费时间在李身上，来听他讲述他所在的公司能够提供什么服务。

李迫切地需要找出一些能让潜在客户从不同角度来看待这项服务的原因。他开始思考下列问题：

* 他们已经从我的竞争对手那里买了什么？
* 我们又能够提供什么他们目前还没有的内容？
* 有哪些地方可能是我的竞争对手在最初销售保单时所忽略的？
* 有哪些变化可能促使客户重新考量他们最初的决定？

通过这次分析，李发现了一项航空保险领域的合规变更，可能会影响到对那些潜在顾客开展业务。同时他还意识到没有变更保险服务商的企业，有可能会损失一块重要的业务领域。现在李完全聚焦在他所发掘出的问题上，而非简单地接洽潜在客户去商讨普通的保险业务。而这样的结果为李带来了更多与潜在客户交流的机会，因为李及时地发掘出了足以改变现状的关键点。

进行深入的了解和分析，悉心地研究项目中的弱点、疏漏及瑕疵。一旦你彻底掌控了你最大的竞争对手——客户安逸的现状——你将能够与潜在客户进行更为务实的交流。

AGILE SELLING

成为打败最大竞争对手——客户安逸的现状——的专家。

AGILE SELLING
Get Up to Speed Quickly in Today's
Ever-Changing Sales World

第 17 章
还原商业价值的本质

假如无法为客户带来实际价值，你的销售过程势必将经历种种艰难曲折。不幸的是，当你新进入某个职位，或者有新产品发布之际，你往往会从市场营销部门手中接过一大堆"精神食粮"来进行自我学习，他们会反复强调你手中掌握着多么棒的武器，甚至你会产生这样的错觉：只要原原本本地将各项好处转达给客户，他们便会心甘情愿地掏钱购买。

事实上，这种方式很难产生实际效果，甚至压根不会有任何作用。埃德曼信任度调查报告显示，仅有 8% 的人会相信企业的自我宣传。

要实现成功的销售，你必须能够清晰地展现出价值定位，并且将这种价值主要建立在掌握"关键须知"的基础之上，从而解答潜在客户这样一个问题："为何要从现状中做出改变——尤其当这种现状已经卓有成效地维持了多年之后？"答案一定是以业务为出发点的。对业务具有积极影响的提案最能够促使潜在客户采取行动。

许多企业并没有为销售人员提供一种从业务出发的视角。他们相信自己所提供的产品或服务能自动激发销售商机。但我并不这么认为，这便是为何每当我进行产品发布时，都会发现那些由工程师撰写的市场材料必须进行修正，而我所服务的这些企业认为，这些材料无须更改就能投入销售营运。至今我仍坚持这样做，因为这种方式是一条最快的捷径，能更好地让我们了解如何帮助潜在客户改变业务现状。

最近我为一家电缆修复技术的公司举办了一场研讨会，该公司的销售对象是电力企业。说实话，我在该领域可谓一窍不通。我从未在能源相关的领域内工作过，既不了解他们的产品，亦不熟悉销售流程。但我仍需要在尽可能短的时间内为他们的销售团队定制一堂培训课程。

我是这样来还原他们的商业价值本质的。首先，我登录他们公司的官方网站以了解产品的大致描述。接下来，我点击进入资源下载页面来找出相应的白皮书、视频、电子图书以及音频文件来了解他们是如何满足客户的关键业务需求的（备注：假如你的企业缺乏良好的内容，你可以访问竞争对手的网站，那绝对是个不错的矿藏）。

此后我向他们的销售副总索要了两类材料：最新的成功案例与销售人员在早期销售过程中所使用的幻灯片。在收集了所有这些材料之后，我全身心投入阅读学习。和预料中的非常类似：我读到了许多有关该企业与产品长篇累牍的介绍，以及许多公式化的修饰词和无聊的流行用语（例如，"卓越无比的""艺术级的"），这些都是市场营销人员最喜欢使用的。我逐一跳过了这些，因为我的使命在于找到能够打动客户做出改变的缘由——在企业的经营状况安然无恙、完全可以凑合使用的情况下，为什么潜在客户需要耗费巨资在这些产品上？

伴随着阅读的深入，某些短语引起了我的注意，例如，"提升可靠性"和"降低故障率"，因为这些词频繁出现。很显然，这些要素是非常重要的。但是从销售对象而言，这些仍是原始的技术术语，难以激发潜在客户更改业务现状的意愿。

当找到这些重点之后，我需要找出这些表述背后所实际隐藏的信息。我致电销售副总询问了一系列问题，包括：

* 当电缆发生故障时会出现怎样的问题？
* 修复这些故障所耗费的成本如何？
* 是否存在间接成本？比如机会成本的丧失？
* 谁会受到影响？在哪些方面？故障后会怎样呢？
* 为什么客户原先不做出改变呢？

通过这些问题，我对购买者的情况、面临的挑战，以及维持现状所耗费的成本有了更加清晰的了解和认识。事实上，对这些潜在客户而言；立刻采取行动修复他们的电缆会从财务方面给他们带来极大的好处。在研讨会上，我通过还原本质，帮助销售人员看清他们所销售产品的核心价值所在，以及如何以此敲开客户的大门，从而完成更多的项目。

还原本质是清晰认识你所在企业从事的商业活动的最佳途径。在此过程之中，你会清晰地认识到客户为什么要做出改变。理解这一点至关重要，因为接下来我会向你展示另一种收集这类宝贵信息的途径。

AGILE SELLING

还原商业价值的本质，并且清晰地加以表述。

奖励：从 www.agilesellingbook.com 上可以免费下载我的价值定位工具。

第 18 章
把故事嵌入讲述之中

怎样可以强化我们负荷过重的大脑中所学到的每件事情？答案是通过讲述故事的方式来强化记忆。

大脑乐于接受故事——我们对叙述过程完整的记忆力，会远远地大于一大堆支离破碎的信息。因此你需要丰富生动的故事，用以帮助理解你所销售的产品或服务在客户的实际业务场景中的价值。

我们来看一个实例。马特在广告领域有 11 年的工作经验，如今他很高兴能在一家咨询企业中谋得一个新职位。他需要由浅入深地学习许多企业特有的创新方法论。马特在最开始的数个月内全身心地投入其中，努力去理解有关的操作实践，还聆听了多场相关的研讨会，马特似乎已经成竹在胸。

不过，当马特将这套理论兜售给那些潜在客户时，他们似乎难以接受。更糟糕的是，他们对马特细致的解析毫无兴趣。他所说的一切都难以激起客户的好奇心，更别说让他们打开钱包了。正如你所能想象的，马特在联系我的时候已陷入心灰意冷的状况。

事实证明，马特未能表述出一个正确的故事。他只是片面地从公司本身出发，完全忽略了最重要的一点——客户的故事环境。马特没有真正理解他所在的企业能够提供的商业价值。于是我告诉他，现在最重要的是从同事那里找到那些已有客户为何会花费如此多经费在他们公司的原因。

一项大型食品制造商的商业案例有助于马特更好地理解原因。该大型企业的市场营销人员当时面临着进退两难的窘境。调查发现，假如孩童在5岁之前无法适应企业产品的口味，他们长大后便也不会再尝试，而且越来越少的妈妈会给孩子买他们的产品。企业内几乎每个人都对如何使产品做得更好有独特的见解，但他们各执己见，难以形成合力。公司非常清楚，假如企业无法推出一款能够热卖的新产品，他们将损失一代人的生意机会。

当马特所在的公司介入之后，他们开展了为期数日的创新会议来解决这个问题。在起始阶段，他们邀请了一群年轻的妈妈，并在开始头脑风暴之前接受前期培训。在整个过程中，马特的同事带领这群年轻的妈妈通过一系列活动产生了许多有关新产品的想法。在此后两天的推进大会里，马特的公司与食品企业的市场营销人员从中摘选出最具潜力的产品方案。

所有这些环节的结果是马特的公司帮助客户找到了让所有人心悦诚服，并愿意完全投入其中的产品创意。更让人欣喜的是，该产品在市场上一鸣惊人。第一年的销售业绩便远超预期，这让他们夺回了一块原本已经丧失的细分市场。

在马特从同事那里听到这个案例之后，他终于理解了为什么客户会为这些服务支付如此高的费用。同时，这也给他的销售工作带来了更多自信。

马特现在有了可以和潜在客户分享的案例，这种案例场景可以适用于应对突破性发展产品的压力；处理不同的意见以及对新的方向达成共识。此外，这个案例的结果实现了许多潜在客户希望达成的目的。最重要的是，当马特在叙述整个故事的过程中，将客户而非他所在的企业，塑造成真知灼见的人物，这正合他们的胃口。

所以看到了么？案例故事是如此重要。我分享马特的故事就是出于这个目的，现在你看清其中的奥妙了么？其实每家企业通常都有不少案例故事，只是未被挖掘整理出来罢了。

最近我与一家高速成长的科技型企业举办了一场研讨会，旨在使其销售力量较上一年度翻倍。但是当你看到这些稚嫩的面孔，考虑到企业的人员流失率，并没有太多资深销售人员可以了解客户的案例。我们在会议期间耗费了许多时间来分享重要的客户场景，以便于这些菜鸟们能够完全从客户的角度，理解他们的技术所能带来的价值。

找到案例故事，分析那些能促使客户采取行动的问题，了解你所在的企业是如何提供帮助的，最重要的是，找出你所在的公司是如何使一切变得焕然一新的。当客户确信你所能带来的变化时，销售将变得更为简单。

AGILE SELLING

讲述故事，激发客户的好奇心，驱动他们采取行动。

AGILE SELLING
Get Up to Speed Quickly in Today's
Ever-Changing Sales World

第 19 章
访问你的客户

我们在本章节中仍会谈论有关案例的事情，因为这太重要了。

要了解人们为什么购买你的产品或服务，最好的方法就是访问你已有的客户。你会惊奇地发现可以从中学到如此之多，这对你刚开始的销售业务是一笔非常宝贵的财富。

但是你应该访问谁呢？毕竟这是一个全新的销售岗位，你还没有自己的客户。我强烈推荐你选择那些在过去 6~12 个月和你的企业有过合作的客户。长期合作的客户可能已经对你的企业习以为常，他们没有太高的访谈价值，因为近期内他们缺乏比较，你已经是他们的现状和常态了。

然而对于这些最新的顾客，他们还记得原先的常态，能够告诉你在选择与你们开展合作后所产生的变化。另外，他们或许还能够量化这些业务结果，这些信息对你与其他潜在客户接触过程中非常有价值。

从选择你销售范围内的客户着手，告诉他们你想要做项目的后续跟进，以了解双方的合作是否达到了预期效果。询问他们是否愿意花费时间来回答相关提问。通常来讲，他们会非常愿意帮助你（注意：你可能会偶然遇到一位心存不满的客户。如果这样的话，请仔细聆听他的问题，不要打断，并在随后找到相应的解决方案为之提供帮助）。

假如客户同意做一次简短的交谈。我建议使用电话的方式来进行这次拜访——这会更有效率。不论你相信与否，人们通常会在电话中比面对面的情况下告诉你更多信息。但是切勿浪费时间去尝试通过电子邮件或在线访谈的方式——你会发现少有人会做出回复，同时反馈的信息非常不尽如人意。

确保你提前规划相关的问题，否则这种交流会成为泛泛而谈，你将无法从中得到有用的答案。记得对你的访谈进行录音，以便于再次收听，防止错过初次交流中的关键信息。

为了让你认识到访谈的大致过程，我在这里介绍一段莎拉与客户之间的对话片段。莎拉是一位内部销售代表，她的工作是通过电话销售软件。她在这个新的岗位上着实非常努力。上级领导指导她应当强调软件所具备的卓越的功能特性，但遗憾的是，客户不为所动。他们强调当前的技术已经绰绰有余。

当我要求莎拉来表述一下他们公司软件的商业价值时，她显得有些吞吞吐吐，无法清晰表达。于是我便知道这才是问题的本质，并且妨碍了她与潜在购买者的交流。

于是我让莎拉致电一位最近完成销售的客户。在开始对话之前，莎拉花费了一些时间来整理她打算询问的各项问题。打通电话后，她首先感谢了客户抽出时间接受售后回访。以下是他们对话的大致内容。

莎拉：伊桑，我们的应用软件是如何帮到你们部门的呢？

伊桑：在没有这款软件之前，要做出一些改变实在是太麻烦了，我们现在的产出提高了很多。此外，我们现在可以将客户场景直接复制到我们的环境中，这同样节省了许多时间。

莎拉：你认为节省了多少时间呢？

伊桑：我敢说，在许多项目中至少可以节省一整天的时间。当出现问题的时候，它可能会在客户项目周期中节省多达 40 个小时。

莎拉：哇哦，这着实是大幅度提高了效率。那么你现在可以更快地处理积压着的工作了？

伊桑：正是这样的。程序员现在可以完全专注于同一件事，无需重复返工，来回折腾。在没有干扰的情况下我们可以完成更多工作。

莎拉：那你是否达到了原来预期的效果呢？

伊桑：是的，我敢说至少在今年节省了大约 15 000 美元的人力成本。

莎拉：嗯，太厉害了。公司业绩目前正处于成长期吧？

伊桑：我们较去年增长了 13%。

莎拉：那你们是否需要额外增加人员来应对这部分工作量呢？

伊桑：并不是这样的，事实上只增加了一位实习生而已。绝大部分的工作可以由原有的人员来完成，这出乎我的预料。以前如果要做到这样，我们至少需要增加一位专职人员。

莎拉：非常感谢你的见解，这对我理解产品的价值实在是太有帮助了。

莎拉在电话结束后立刻与我联系："我完全弄清楚了！"她兴奋地说道，"现在我真正认识到为什么人们会来购买我们的产品了。"从这天开始，她改变了以往与客户接触的方式，不再和他们谈论有关产品的技术亮点以及它们会多么卓越，而是着重强调产品对客户所产生的价值：节省时间、减少工作积压、减少人力成本，等等。莎拉的潜在客户在听到这些他们实际关心的话题后立刻对其产品产生了兴趣，莎拉的业绩随之得到大幅提升。

确信为客户带来的改变，是成功销售的关键所在。在和潜在客户对话的过程中，你能够对产品或服务做出更加清晰的定位。同样，你可以提出更好的问题，更为成功地应对质疑挑战，并且建立一个改变的实例。

千万别仅仅采访一位客户。在最初几个月，你采访的人数越多，就越能促进你成长的速度。并且可以考虑采访同一企业内的不同人员；决策过程中的每一位参与者都有自己的出发点，而深入挖掘这些额外的见解，有助于你针对不同的购买者制定不同的战术，传递更有针对性的信息，从而使得销售过程更具效率。

AGILE SELLING

访问客户，找出你所能带来的真正的不同之处。

AGILE SELLING
Get Up to Speed Quickly in Today's
Ever-Changing Sales World

|第 20 章|
了解客户的购买决策过程

讲到一个老生常谈的问题：我每每问起销售人员他们下一次会面的目标时，无一例外的答案是"完成销售！"这种回答实在差强人意，因为这只有在你从事一次性销售的过程中有用。而在绝大部分时间，你需要与不同的对象进行数次沟通才能完成项目。今天的购买者越来越趋于保守。在决定做出改变之前，他们一定要确保这是一项正确的决定。

购买者决策过程中的每一步都有清晰的定义，需要你运用完全不同的技巧、策略。我们已经介绍了这个体验的过程是从何开始的——客户的现状。但下一步呢？通常来讲，我认为购买者需要有 4 项主要决策的过程（如图 20—1 所示）。

你的困难点在于找到这些潜在顾客所经历的步骤，从激发他们的好奇心到转变他们考量的侧重点。你会发现，在不同企业之间，这个过程往往大同小异。

第一阶段决策 接受拜访	第二阶段决策 激发改变	第三阶段决策 选择资源	第四阶段决策 关系扩展
购买者对于当前现状相对比较满意——直到一些事情激发了他们的好奇心或改变了他们的侧重点	购买者愿意学习更多。通过调查、会见、讨论等方式,他们希望得出这项重要问题的答案:有必要从当前现状中做出改变	购买者对不同方案进行自我学习,他们找到方案,会见供应商,评估投资回报率。他们最常见的问题是:对我而言,最佳的决策是什么	购买者评估对初步决策与合作关系的满意度。他们的关键问题是:我们是否愿意与他们进一步合作

图 20—1　购买者的决策过程

举一个例子,我们来看一下,作为市场经理和购买者,娜塔莉(Natalie)是如何回答这个问题的:"你所在的企业在进行购买决策的过程是怎样的?"

假如你是一名销售人员,在毫无征兆的情况下与我联系,而你的消息激发了我的兴趣,这时我会首先访问你的网站进行调查。如果你的公司看起来值得信任,并且确实有可能有助于我,我会接受一次简短的会面。假如能听到我所希望知道的,我会与分管市场营销的副总和负责挖掘商机的专员分享我所学到的内容,听取他们的想法。如果他们对产品或服务同样感兴趣,我们会希望通过电话方式进行更进一步的交流。

在此之后,我们或许会有一些内部会议来探讨是否有必要改变当前现状。为了获取佐证观点,我们或许还会让公司里的其他相关人员一同加入决策。我们同样也会想要和你们公司的员工见面。同时,我们还会在线检索，查找其他企业是如何面对同类问题的。

我们下一步的工作是进行财务分析，评估这种改变所带来的商业价值。假如结果让人满意的话，我们会将之提交给首席财务官，启动相应的流程。在获取批复之后，就可以在线查找你的那些竞争对手所提供的其他类似方案。我们会参与一些论坛的讨论，以了解其他用户在该领域中的见解和观点。

在此之后，我会邀请一些企业来提交他们各自的方案。当然，这意味着我们需要与他们进行会谈，回答他们的相关问题。这看上去似乎是个无休止的过程。而后，每个人会提交一份方案和宣讲稿。通常会有一家企业力排众议，显得比其他人更加"适合我们"。如果他们的报价同样具有竞争力，我们往往会做出决断。不过在此之前，我们仍会经历数轮协商谈判，以取得更好的条件和报价。

最后，我们决定选择全新的产品或服务。但是即使这样，这个过程仍没有结束。我们需要评估效果以判断是否需要和你的公司开展更多业务。

好吧，正如你所看到的，购买者的决策过程并不简单。但是这些都不是你的工作。你在销售过程中，最关键的是需要和购买者的决策过程保持同步。认识这个过程的最佳途径是将其以地图方式勾勒出来——使其可视化，你可以在纸上或电脑上绘制相应的图形，将它摆在面前，确保你能够了然于胸。

任何时候，当你和潜在客户对话时，尝试找出下述问题的答案，从而对他们的决策过程有更深入的认识：

* 是什么激发了你的兴趣，让你决定做出改变？
* 在决策过程中还会涉及到哪些人？

* 你如何判断某款产品或服务会给你的企业带来有意义的影响?

* 你如何选定最适合你的供应商?

* 在决策过程中, 最重要的是哪个部分? 为什么会这样呢?

* 需要怎么做才能完成合同签署? 例如, 拿到相应的批准。

成为购买者决策过程中的专家, 认清你在过程中所处的位置有助于判断你所应运用的策略和时机。

> ·········· **AGILE SELLING** ··········
>
> 了解客户的购买决策过程, 从而实现与客户的同步。

| 第 21 章 |
事半功倍的销售备忘录

学得太快太多所带来的问题便是很容易忘记。别太相信你的记性，除非你能全神贯注于所学的内容，否则一转身你可能就忘记了。回想一下，你在经人介绍认识了某个陌生人，彼此寒暄后是不是就很快忘记了对方的名字？

当然，良好的笔记习惯能够为你保留信息，供你日后查询，但即便这样，当你在短时间内接触海量内容时亦会措手不及。这着实让人沮丧，尽管你想要尽可能地快速反应，但事实上，你负荷满满的大脑实在难以记住每件事情，使你达到专业水平。

这便是我喜欢用备忘录的原因。这些简短的、一到两页的文档能帮助你快速掌握关键信息。

你之前所开发的购买者矩阵便是一种备忘录，令你专注于你的主要决策者。你可以针对许许多多的主题创建备忘录，包括产品或服务的特点、竞争核心以及特定的技术或流程。

我创建了一份用于了解新产品的备忘录，如图 21—1 所示。从中你可以了解到如何将许多我们已经讨论过的内容囊括在内。

备忘录		
产品或服务：————————		最主要的决策者：
目标市场：————————		—————————————
触发事件：————————		—————————————

	当前现状 1	当前现状 2	当前现状 3
可能的问题与挑战			
改变所带来的业务价值			
重要的特性与功能			

竞争对手 1	竞争对手 2	竞争对手 3

图 21—1　用于了解新产品的备忘录

备忘录方式同时还有助于你在学习新的内容时保持专注，提示你那些应当牢记的关键要素，而且在你和潜在客户初次对话时也显得非常方便——你可以不再依靠记忆力，特别在你需要短时间内检索、回忆关键信息时，记忆力的可靠性较差，而备忘录恰恰可以弥补这一点。

更加重要的是，创建备忘录这种方式可以加深你对信息的掌握和理解。在这一过程中，信息的记忆时间确实被延长了许多。在备忘录上输入信息，使之牢牢扎根于你的记忆。

这种实践方式运用到了许多我们在第 10 章探讨过的学习技巧——图表上的各个区段对应着大脑中的文件夹，将所有的信息整理归类，从而有助于回忆。创建备忘录的过程就是将你所学的信息归档于一个易于获取的位置，通过这种方式，你可以自我释放出记忆力来应对全新的复杂信息。

为了让备忘录更加"备忘"，请定期加以回顾。在开始时，你或许要每天回顾几遍才能记住。为了让信息回忆过程更加简洁，你可以用一个故事将其串联起来。当你的大脑中归档的内容越多，这种方式就会越有效果。

AGILE SELLING

创建备忘录来帮助记忆新的知识信息。

奖励：从 www.agilesellingbook.com 上可以下载许多免费的备忘录格式。

AGILE SELLING
Get Up to Speed Quickly in Today's
Ever-Changing Sales World

|第 22 章|
打好触发事件这张王牌

你是否想要学会某种技巧，让你很快建立起自身信誉、缩减销售周期，并摆脱竞争对手？如果是我的话，我一定会勤学苦练，事实上，这正是触发事件的用武之地。

触发事件可以归入"关键须知"的范畴。不过在深入了解购买者以及你产品的价值之前，这并没有太多价值，因此我们直到本章才来讨论它。

触发事件是指那些促使企业转变业务的主攻方向、调整当前模式的事件。当其发生之后，新的业务侧重点会赫然呈现。

一些触发事件源自企业内部，例如，新的管理层上任、糟糕的季度绩效、组织架构调整、合并收购、产品发布，或者业务扩展。另一些可能是外部事件，诸如立法变更、新的竞争对手、环境条件、借款利率提升，或者新技术的出现。

触发事件是促使企业发生转变的催化剂。举例来说，当企业决定搬迁时，他们需要新的家具、电缆、电话系统、打印机，等等。当油价节节攀升，影响企业运营预算时，富有经验的管理层会下达公告，要求整个公司节省成本。于是公司每个人都开始致力于开源节流。另外，当人们得到提升后，他们会想到"新官上任三把火"。这便是为什么他们愿意接纳新的供应商和新的想法的原因——希望经由他们的能力使企业更上一个层次。

如果说客户的现状是你的最大挑战，那么触发事件便是你手中的王牌。发现并利用好那些藏匿于潜在客户、催化改变的因子，你可以将客户面临的转折变为自己的机会，从而创造更多成功销售的可能。

如何判断哪一项触发事件对你所销售的产品是非常重要的呢？开始时，你可以向自己提出下列问题，或者和同事们来一场头脑风暴。

（1）我们的最佳客户都有哪些常见的愿景、目标或者创举？或许他们会专注于业务的驱动因素，诸如进入全新市场、提升销售以占据更多市场份额，抑或是改善日常运营效率。在这些情况下，你要特别关注那些能够产生创新成果的触发源。

（2）我们的最佳客户在做出改变之前会面临哪些挑战？他们是否遭遇了收益下滑、竞争激增，或是市场格局的转变？又或许是低效的工序流程以及客户需求的转变诱发了这些问题？这方面的议题同样是应当引起注意的触发源。

（3）当关注到销售业绩的全面提升时，这背后是否存在共通的诱因？你要找出为什么客户会有这种紧急购买需求的原因。为什么在未做铺垫的情况下，这些企业会突然决定采取行动？找到并关注这些变化背后潜在的催化因子。

另一种分析触发事件的途径是，查看当地的商业日报或贸易杂志。在浏览这些出版物时，考虑下述问题：

＊ 文章中是否蕴涵着某项触发事件？

* 对企业而言，该触发事件是否会带来某种变革？

* 这是否有可能为我们的产品带来商机？

就个人而言，我常常会在下列触发事件中，发现蕴涵着的机遇：企业的成长、销售的不景气、产品的发布，以及新的销售副总上任。在明晰这些事情之后，我可以避免无的放矢，将精力集中于那些正经历着这些触发事件的企业。

令人欣慰的是，许多触发事件都是公开消息，你可以从企业或商业新闻网站上读到相关内容。因此，你可以使用各种在线提醒服务（例如，Google 的 Alerts、InsideView 或是 DiscoverOrg 功能），使之在事件发生的同时立刻通知到你。举例来说，我长期设置着一项在"技术型企业"中"新的销售副总上任"的提醒，这对我而言，意味着全新的机遇。

记住，触发事件只是催化剂。企业并不会仅仅因此便产生购买行为，但是他们所经历着的变革为你的销售过程创造了机遇。

通过早期介入，你会有更高的把握与机会来将触发事件转变为实际销售。

AGILE SELLING

触发事件给现状带来了转机，并促发变革。

奖励：从 www.agilesellingbook.com 上可以免费下载《隐藏的宝藏》，以了解更多有关触发事件的内容。

第 23 章
巧用相关论坛

有时候，要直接访谈客户并不容易。他们可能太过忙碌，抑或是对某些信息比较敏感，不便于公布分享。即使这样也不用担心，你没那么不走运——有多种途径可以让你间接了解客户，收集到"关键须知"的信息。

在网络上，你可以找到许多职场论坛（例如，LinkedIn 和其他专业站点），你的购买者会在上面探讨他们所遇到的问题、面临的挑战，他们会分享各种资源，倾诉业务过程中遭遇的各种麻烦。从这种论坛学习了解到的信息、故事对你短期内的提升是非常有帮助的。

向你的同事咨询了解他们所知晓的特定论坛，它们可能定位于你所处的行业（例如，软件、医疗）或者你销售的特定职位对象（如首席财务官、安全负责人），抑或是你可以直接用搜索引擎来在线搜寻。

当开始以观察者的角度阅读浏览这些论坛时，你会从大家的讨论中找出那些最热的话题与难点，从而深入解析客户所表露的观点、顾虑和问题。要知道，获取这些自由流露出的信息并不容易。许多时候，由于你处于销售的位置，人们并不愿意和你提及这些，他们担心你另有所图，比如对这些信息加以利用以达到销售目的。但是在论坛上他们是安全的，因为大家往往采取匿名的方式。

通过检索那些与你的产品服务相关的关键字和话题，你可以在论坛的历史记录中获取宝贵的信息，同时你还会发现人们最近对于产品的评论，所有这些都可以帮助你大幅节省学习时间。

一旦对这些论坛的运营和讨论模式有了大致了解，你就可以更加积极地在论坛里提高活跃度，并进一步提出问题。论坛中的其他成员会针对你提出的问题给出自己的见解与洞悉：

* 你在本季度中最先考虑的问题是什么？
* 你如何判断现在是否需要做出改变或升级？
* 在（增加产品服务的）决策过程中，所应考虑的最重要的条件是什么？
* 你目前正在做哪些事来改善运营效率？
* 在你实现目标过程中，最大的障碍是什么？

在发布这些问题后，自己也要积极地参与讨论，同时，要感谢每一位参与者提出的见解和建议，如有需要可以深入向对方求教。你还可以在回复中加入自己的想法和观点，从而鼓励人们更多地分享并参与讨论。

虽然这些论坛成员或许永远不会成为你的潜在客户，但他们作为极具价值的信息源，是其他途径所难以企及的。从中聆听得越多，你对于真实现状的理解就会愈加深刻。用不了多少时间，你便会对客户的难题、挑战、愿景和抱负产生详尽的了解——这些关键信息可以帮助你与客户产生更有效率的对话。

------ **AGILE SELLING** ------

借助论坛，你能够对潜在客户产生更为深入的理解和认识。

AGILE SELLING
Get Up to Speed Quickly in Today's Ever-Changing Sales World

| 第 24 章 |
温故而知新

至此，或许你已经收集到了数量惊人的信息——其数量之多，几乎会让你感觉无法完全记住所有这些。注意，检查自己对信息的记忆能力很重要。正如我们所知道的，大脑在同一时间段内所能记住的信息量是相当有限的。这便是为什么我在前文中推荐使用各种不同的策略来快速吸收新知识的原因。在本章，我将介绍让你能够快速回忆起相关知识的最佳途径。

这种方式非常有效：当你沉浸在学习过程中时，每隔30分钟暂停一下，回顾你刚才所学到的各项内容。大声讲述，重复这些信息，可以使你大幅度地加深记忆，在需要时随时调用这些信息。

我们假设你刚刚读到影响客户的趋势因素，并做好了笔记。你可以选择进入下一项学习。但如果想要在日后更加快速记忆起你所阅读的内容，请在当下立即花些时间，将其叙述一遍。描绘你刚读过的信息，假如恰好有一个实例，讲述了某家企业如何遭受到这些趋势的负面影响，请立即向自己复述该事件。如果另一家企业把握住了机遇，自我解析他们是如何做到的。

在讲述过程中尽可能选择生动的词汇，描绘出清晰的画面。你的大脑会欣然接受这些插图式的描述，并将其分类归档至不同的存储区域，以方便日后的查找搜索，而不会被不经意地置于记忆的某个角落之中。

另一种能够让你更持久记住信息的方式，即将所学的内容与原有的认知进行连接。在学习新知识的过程中，自我询问如下问题：

* 这让我想起什么？

* 这与我之前销售的产品或服务有什么类似点？

* 这位决策者和我之前共事的人之间有何相似性？

* 这种购买者类型让我想到了谁？

当写到这些问题的时候，我回忆起了数年之前曾合作过的企业。那时他们正在发布全新的、具有突破性的技术，这和他们当时所销售的产品截然不同。许多富有经验的销售人员都因此痛苦不已，只有吉姆，那时他如鱼得水，游刃有余。

当我和吉姆谈到如何在这貌似困难重重的环境中取得成功时，他告诉我，在刚开始时，他也完全不知道该如何销售这些全新的产品，这时他想到了过去的一次经历——大约在 30 年之前，他处在非常类似的情况下，销售完全陌生的产品。吉姆将那时所使用的销售策略"古为今用"，他只采取了些许微调，这些策略竟然完全能够适用于他的新岗位。

看吧！并不是所有的新技术都需要从头学起，吉姆自己的文件系统使得他能够快速地适应这些新技术，原有的认知能够帮助他掌控新产品的销售工作。

记住，切勿莽撞从事，急于快速地把握每项工作，将信息装入超负荷的大脑中。节奏性地中断一下，用从点到线的方式来巩固所学内容，并使之与原先的知识产生关联。

AGILE SELLING

将所学的内容与你原先的知识与经验进行关联。

|第 25 章|
进行模拟测试

学习到这里时，我们迎来了真正的挑战。在此之前，我们始终致力于"关键须知"，以及如何帮助你加速记忆的各种策略。但是要想成为一名成功的销售人员，仅仅做到消化信息是远远不够的，只有你的行动才会产生效果。如果知识仅仅存储在大脑里，这将毫无意义；而假如当需要表述时，你却张口结舌，不知所云，结果当然会功亏一篑。

当我最初开始从事技术领域的销售时，所有的文章内容都显得高深莫测，叫人难以理解。我甚至无法记住硬件和软件的区别。但在经历过各项课程，花费大量时间研究术语、系统和产品属性之后，我自认为已经达到了最基本的要求。但是我完全错了。当想要尝试和潜在客户解释某件事时，我完全陷入了各种信息碎片当中。而在想要解答他们的问题时，我意识到这其中存在着严重的知识断层。有时我所说的话连我自己都觉得是丈二和尚摸不着头脑。

除非你能够完全清晰表述、描绘所销售的产品或服务，使得你和你的潜在客户都能了如指掌，否则你的销售过程将崎岖不平，荆棘丛生。而要达到这个目标的唯一方法是：每当你学到一些新的知识点时，尝试着向另一个人解释它。这并不仅仅是为了巩固所学的内容（正如我们之前所提到的），还能使你把所学的信息转化为自己的语言。在能够流畅地用自己的语言加以描述之前，切勿草率进入下一阶段。

现在让我们更进一步探讨该问题，以下 4 个问题是潜在客户经常会针对产品或服务所发问的。如果没有充分的准备，你肯定会在表述中遇到麻烦，文不对题，答非所问，对提升信心没有任何好处。相反，假如你可以精准、高效并且自信地就这些问题侃侃而谈，无疑会塑造你在客户心目中的权威形象。

✱ 你的公司是做什么的？

挑战点：在 3 分钟内告诉客户，你可以针对他们的诉求提供什么。他们并不想知道你所销售的软件或提供的服务，而是想知道你所服务过的企业，以及你到底能够做什么。

✱ 你的主要产品和服务是什么？

挑战点：在 3 分钟内告诉客户你的某一款产品或服务的概况。它是什么？有什么用处？是如何工作的？你的任务是用易于理解的话让门外汉能够听懂（备注：假如你有许多不同的产品或服务，依次针对每一款进行演练）。

✱ 我为什么要考虑改变目前的行为方式？

挑战点：在 3 分钟内和你的目标客户分享他们在当前现状中将会遭遇到的挑战和即将面临的难题，进而延伸扩展，介绍人们从你的产品服务中能够获得的帮助。

✱ 你是否与我们的同类企业合作过？

挑战点：在 3 分钟内介绍一个简短的成功案例，确保潜在客户能够认识到在案例中的客户之前是如何工作的，他们的问题所在，以及现在所取得的进展。

如何消化那些高深莫测的文章是一个永恒的话题。每当学习到新的内容时，你需要找到适合的方式将其清晰地表述出来。注意，一定要使用日常语句。因为你很容易就会冒出缩略语或者行业内的术语，让业外人士无法理解。

最近我在一家眼科用品企业的销售大会上发表演讲。在我的演说主题开始之前，有两位该企业的客户谈到了公司的销售人员，我想我永远不会忘记其中一位医生所说的话："你们说的完全是销售语言，所有这些专业术语我压根不明白，它们让我感觉非常愚蠢，丝毫无法引起我的兴趣。我熟悉医生的语言，但这只是我的语言，在与病人交流时我会使用他们听得懂的话。"

简而言之，他希望销售人员能够将专业术语转化为市场语言，官样文章实在不受他的欢迎。他希望直接对话，这样他可以很快掌握那些对他至关重要的信息。

另外，你并不仅仅是要能够抓住重点，同时还需要懂得删减，适当舍弃。否则你的话语会变得长篇累牍，味同嚼蜡，让人避之唯恐不及。当然，这也不意味着你可以过分简化，而忽略了必要的关键信息。

这就是为什么说对知识的把握，会影响叙述时能否被客户理解。假如不进行模拟场景的测试，就绝无可能发挥出最佳状态。

------ **AGILE SELLING** ------

在和潜在客户对话之前，尝试和其他人讲述你学会的内容。

AGILE SELLING
Get Up to Speed Quickly in Today's Ever-Changing Sales World

第 26 章
"准备完成"的临界点

你如何辨别自己是否已经做好准备？在本章节开始的部分，我们谈到过一般会需要 30 天左右。但是这其实取决于产品或服务的复杂性或稀缺性，以及你对该领域的陌生程度。有时候这只需要几天的时间；而更多情况下，你得学习几个月。但无论何种情况，你都不可能等到事无巨细地完全熟悉以后才走向市场开始销售。

记住，你的目标在于具备某种程度的专业知识，建立起一定的权威性，从而让你可以和潜在客户进行顺畅流利的交流。从学习过程来看，你刚开始时的 2~4 周将是最为艰苦的，在这段时间内，你需要表现出最强的学习技能、运用各种技巧来快速收集各方面的信息。

那么从何时起，你超越了"准备完成"的临界点呢？当能够做到以下几点时，你便可以从事销售行动了：

* 对产品或服务有总体的了解和认识；

* 描绘出潜在客户通常的现状，分析其中的优劣；

* 找到那些参与在决策制定过程中的人，了解他们的目标、问题与挑战；

* 清晰阐述客户能够从你的产品使用中获取的收益；

* 分享一些真实的成功案例，分析其中的用户是如何获益的；

* 找到那些能够激发客户，用于改变业务权重的触发事件。

你必须要能够自信地、准确地将上述内容娓娓道来，知晓某些事情并不代表着你能够很好地将其表述清晰。当你可以成竹在胸地详述这些关键点时，才完全标志着你已经"准备完成"，可以开始正式的销售工作了。

另外，你得知道，这一过程不可能在第一次就做到完美无缺——没有谁能做到。你的脑袋在短时间内容纳不了所有的信息。同样，你的潜在客户也不会这样要求你。他们只需要能够解答他们的问题，为他们提供专业性的建议，令他们得到满足。切勿想要努力记住每一项细节，使用你创建的备忘录，你的目标是成为知道从哪些地方以及如何获取信息的专家。只要能做到这点，大胆地去面对客户吧。

至此，绝大部分的篇章都专注于如何获取信息知识。虽然你可能没能清楚意识到，但是你所采取的策略以及在此期间的行动已经构筑起成功销售的基础。你将成为一名卓越的销售，因为你懂得关注那些对客户和自己最为重要的信息。

实际上，你已经懂得了如何快速学习。当市场导向或经济环境发生转变时，你会快速加以适应。当有新的产品或服务引入时，你会是那些最先制定出销售策略的人员之一。在变更工作职位时，你会知道怎样深入研究以便尽快上手。虽然快速学习的过程乍一看比较复杂，但在之后回顾起来会方便许多。

现在让我们转变方向，专注销售技能。在掌握产品知识之后，你需要实际接触客户。这时，你需要开始和客户对话，分享你的所知所晓，并且找到自己不足的部分。这种对话会加固你脑子里原有的知识，并提示你需要弥补的不足。

正如我们所谈到的，今天的购买者已经变得近乎吹毛求疵。你不能只是将自己所学会的每件事都展现出来。你必须以这些为基础，与潜在客户展开机智的对话。

当你是销售新手时，这极具挑战。但你要知道，这并非是不可企及的。对于那些有过一段销售经历的人而言，你需要特别留意今天购买者已经不同于以往，除非能够顺应大势，否则在这段职业生涯中你将举步维艰。

好吧，现在我们已经"准备完成"，让我们转向销售技能。

AGILE SELLING

你永远不会知道"足够的信息"，但是千万别就此止步，大胆地走向客户。

第四部分

18 项关键必备的销售技巧

速度制胜。敏捷的销售应在最短时间内理清哪些是最有效的环节，并专注于它们的持续改善，旨在与购买者的互动中产生最大的影响力。

AGILE SELLING
Get Up to Speed Quickly in Today's
Ever-Changing Sales World

AGILE SELLING
Get Up to Speed Quickly in Today's
Ever-Changing Sales World

第 27 章
销售最重要的是什么

所谓销售，就是要为企业带来营业额与利润，这是你获取薪资报酬的唯一理由，而不是单纯地与客户建立关系、解决难题与困难，进而帮助他们完成业务目标。不过这些行动会决定你能否成功完成销售——而这一切的前提是你要充分了解产品或服务给客户带来的影响。这也是为什么 30 天的深入学习期显得如此重要的原因。现在你已经掌握了这些技能，我们接下来的内容就是要以此为地基构建起成功的大厦。

本章节专注于如何更快更好地完成销售，因此写作上与之前的章节完全不同，因为学习技能与掌握知识是两种不同的领域。销售的本质是一系列复杂技能的结合体，成功的销售人员需要能够做到恰当地运用信息、增加价值、引导讨论、降低风险、比竞争对手略胜一筹，还有许多其他方面；同时你还得根据谈话的对象，他们的考虑重点、反馈，以及许多其他因素随机应变灵活掌握。上述所有工作都在实战状态中进行，而你的收入完全取决于最终的成败。

对销售而言，持续稳定的业绩来自于短期成功案例的积累。灵动与迅捷是该职业所必须具备的因素。

接下来的 17 个章节将介绍一系列不同的策略，让你在专业化的道路上走得更远。在许多情况下，我会分享真实操作中的案例，因为正如前文中所述，故事可以强化大脑的记忆功能。与此同时，这些故事也佐证了我们所介绍的工具确实行之有效。

不论销售资历的长短，你都可以找到与自己相适应的策略：

* 假如你是一名经验丰富的专家，你同样会从中找到快捷方式，帮助你在短时间内快速销售全新的产品或服务；
* 假如你在销售岗位上努力了一段时间，你会得到更多的启发，提高成功销售的概率；
* 假如你只是刚刚入门，你会从中找到许多种途径，让你完成并超越既定的销售指标。

之前所谈到的那些策略是基础性的，你必须确保在后续章节开始之前对其加以充分理解。另外一些策略是可供选择的。其中的一些在叠加运用时会更加有效，这取决于你想要学习掌握的程度。另外还有一部分会适合你现在所处的状况。所有这些都会在你成功销售的征程中助你一臂之力。

假如企业为你安排了高级别的入职培训计划，其中包括销售培训，那应该说你是幸运的。但即便如此，对后续章节的学习会让你的职业培训锦上添花、胜人一筹。而假如你和大多数人一样，需要依靠自己的努力来适应，进而胜任某个新的工作岗位，这会使得你前途茫茫，备感艰难。在得到公司提供的常规销售资料之后，这些销售人员仅能根据自己的理解采取行动：定位产品、拜访客户。他们或许对此很厌恶，却不得不吞下这难咽的苦果。这样做并不一定准确，但是他们没有更好的招术。当他们发现这样做没有效果时，便只有知难而退。

这多少显得有些悲壮，因为故事的结局不应该是这样的。事实上，每个人都可以根据正确的信息、激励和指导，学会如何进行销售。下文中的策略将带领你找到准确的方向，快速领悟成功销售的秘籍所在。这是任何一位敏捷销售所必须具备的素质。

AGILE SELLING

长期的成就源自于不断累积的短期的成功。。

第 28 章
找到短板，不断改善

作为一门技能，销售工作相当复杂。这便是为什么在刚开始时你需要将其进行分解，循序学习的原因。

早在第 20 章，我们便谈到了购买的决策过程，以及他们需要制定的 4 项关键决策。从图 28—1 中可以看出，每一个决策都对应着销售过程中的相应步骤。

图 28—1　购买者决策和销售过程的关系

各个步骤或销售流程的阶段中都有各不相同的目标。这意味着你必须在引导购买者的过程中运用不同的技能组合。

1. 捕获客户。在这一阶段中，你的目标是与有可能成为客户的人建立对话。激发潜在客户的好奇心是实现这一步的基础。企业或许已经通过在线方式制造了商机，也可能要完全依赖你自己。这一阶段的销售技能包含关系网络、潜在客户挖掘与定位，以及深入的调查研究。

2. 创造机会。在这一阶段，你的工作在于帮助潜在客户判断对现状的改变对于企业而言是否值得。要做到这一步，你必须鼓动他们摒弃一成不变、墨守成规的观念，下决心改善现状。关键的销售技能包括提问技巧、商业项目开发、获得认同，并创造价值。

3. 赢得业务。你在这一步的任务是帮助潜在客户确认为什么与你的公司合作是最佳选择。这一步要求你引导他们从诸多可选项中认定你是他们的最佳选择。关键的销售技能包括演讲能力、比较区分、谈判技巧、解决障碍以及竞争策略。

4. 客户管理。在该阶段，你的目标在于深化与客户的关系。这表示你需要确保他们的满意度，使公司得到额外的销售机会。关键的销售技能包括客户服务、预防式问题解决，以及商机识别。

要成为一名好的销售，你不可能同时专注于所有这些技能。你的挑战在于找到某个领域，进行差异化竞争，以赢得最终胜利。在考虑时你要留意以下因素。

头等大事。假如你必须要靠自己来开发客户，你的首要工作应聚焦于潜在客户的挖掘上。你需要建立起与潜在客户的会面。在你开始与一位真正的客户建立起沟通之前，所有其他的工作都没有多少意义。

有时候你的工作并不完全是从零开始的。例如，你跟进其他人已经开拓的商机，你需要判断潜在购买者当前所处的阶段。如果他们正在考虑进行改革，不妨发挥你创造机遇的能力；如果该潜在客户处在更进一步的阶段，着眼于各种可选的方案，那么你应当运用那些可以帮助你最终赢得业务的技巧。作为一名客户经理，这些都将是你的首要技能。

高瞻远瞩。严格遵循购买者的各个阶段。在成功开拓客户之后，你很快会和他们建立起联系。可想而知，客户会对变化能否有益于他们公司产生兴趣。这意味着随后你要运用足够的技巧来创造机会。当客户认可并决定采取行动之后，切换你的技能，完善各项细节来赢得项目。

不断改善。不论在销售岗位上从事了多长时间，你总有需要提高和改善的方面。问自己下列问题，从而判断在开始时你是否发挥了最大的能量。

* 是否对开拓客户的能力感到满意？如果不是的话，你要找出其中的根本原因，以及如何加以改善。

* 从最初沟通到正式商谈，这其中的转化率是否充分？假如其间有明显的下降，你需要考虑如何加以提升。

* 你是否经常输在项目的无疾而终上？假如有太多预期购买的项目最终没有发生，客户决定保留现状，你需要更多关注自身创造机会的能力。

* 竞争对手是否经常将你击败？如果是这样的话，练就那些能帮你实现"临门一脚"的技能。

* 你目前的客户业务保持上升势头吗？假如不是的话，现在是时候找出原因了——为什么你不能拓展所提供的服务、帮助客户进行头脑风暴、找出你可以改善的地方？

现在让我们深入这些策略部分，帮你实现更加迅捷的销售。

AGILE SELLING

找到短板区域，使得改进工作有的放矢，成效显著。

第 29 章
做最好的自己

销售是一种数字游戏，至少很多人是这么认为的。只要你有足够多的客户拜访、建立起足够多的拜访、完成足够多的宣讲，你就会赢得成功。毕竟，每一次拒绝都会成为你通往成功的一块垫脚石。

当然，事情并不永远这么简单。在未来，单纯的数量累计已经不再是成功的关键指标。当我就职于富士施乐公司时，我发现那些绩效顶尖的销售人员事实上并没有那么多客户拜访，相比他们的同事，这些出色人士的潜在客户也更少。为什么会是这样呢？这与我所知道的销售成功宝典完全背道而驰。

经过很长一段时间，我发现这些顶尖的销售人员把工作重心集中在了那些最优质的潜在客户身上，并且努力将每次谈话的效果最大化。他们的这些案例促使我想到创建更有意义的销售指标——个人最佳，或者简称PB。

我第一次听到PB是我女儿8岁的时候，那时她刚刚加入当地的游泳队。由于是一个新手，她的仰泳和自由泳实在差强人意。但是她当时没有因为输了比赛而垂头丧气，因为她的教练让她专注于个人最佳。她每周的目标便是减少比赛中的时间——超越原来的自我，而非真的赢得比赛。有时候她只比上一次缩短了1/10秒，但这同样是进步，值得庆贺。

我非常赞同这一观点，当然，我女儿也是。由于长期从事销售的关系，我立刻想到了这对销售人员同样适用。除了单纯地专注于数量，我们或许可以更加注重改善型的指标，通过不断努力，做到个人最佳。

举例来说，你可以在以下方面做到个人最佳。

建立联系的成功率。从拜访客户转化到首次正式商谈的比率是多少？如果你拥有更高的转化率，你所需要做出的拜访次数便可以减少。

首次正式商谈。你每次商谈后随即形成下一步跟进计划的比率是多少？这意味着完成相同业绩所需的潜在客户量。

销售周期的长度。通常需要多久来完成一个项目？销售过程中的项目周期越长，潜在客户最终和你交易的可能性就越低。

结单比率。你每次商谈的对象有多少会最终转化为实际客户？你完成的赢单比率越高，就越能证明你是一名成功的销售。

无缘由的丢单。有多少项目是由于潜在客户希望保留现状而丢失的？降低该比率将为你带来更多的营业额。

值得注意的是，对上述这些目标，你应当进行排序，这是迅捷学习过程中非常重要的一环。举例来说，作为一名新的销售，你显然希望在刚开始时，在建立联系方面有较高的成功率。假如你能够将更多的拜访转化为正式商谈，你无疑会建立起稳定的潜在客户群。切勿单纯衡量你拜访了多少客户，或是发出了多少封邮件。更进一步，找出"当前的转化率"？一旦你有了一定的拜访基数，下一个问题就应该是"我怎样才能与更多的客户建立起正式商谈？"

记住这一点，在客户挖掘探索阶段，始终保持学习者的心态。将你的表述解构成不同的组件：介绍部分、主题部分、结尾部分。找出那些会影响你成功的因素，例如，主标题、长度、语气、表现形式甚至语法。每一项因素都会不同程度地影响到建立联系的成功率。考虑怎样做才能达到个人最佳？怎样从现有数量甚至更少的联系人中，取得更令人满意的结果？

在提出这些关键的问题后，应通过各种途径逐一深入探究：阅读各种报刊、和你的同事探讨、聆听不同人采取的不同方式、从各方的反馈中找到需要改进的方面……而后尝试着做出改变，尤其注意那些受到正面反馈的细节。你的目标在于下周或下个月达到个人最佳，单纯地专注于提高拜访客户的次数是劳而无功的。

一旦你对建立联系的成功率感到满意，就是时候进一步提升你首次商谈的成功率了。按照商业操作的顺序，这是你下一步的工作。需要明确的是，在一个时间段应只关注一个层面。

通过保持个人最佳的心态，你就有可能在最短的时间内，使自己的销售技巧臻于完美。甚至在感觉到之前，你可能已经在销售方面做得很出色了，并可以将这种敏捷的作风带入下一个销售阶段。

AGILE SELLING

运用个人最佳的途径来记录你取得的进展。

AGILE SELLING
Get Up to Speed Quickly in Today's Ever-Changing Sales World

|第 30 章|
热情地完成准备工作

很少有什么事情或者话题，会引发我强烈的兴趣，但是关于准备的重要性，我认为值得细细探讨。充分的准备工作非常重要。资深的销售人员绝不会在准备工作上草率行事，他们在与客户会面之前会花费大量时间，致力于在每一次和客户的互动中做到个人最佳的表现。

潜在客户很快可以发现你是否做足了准备。在交谈过程中，他们在不断评估你是否符合他们的目标，以及业务的优先排序。同时他们也在评估你这个人：你是否创造出价值，带来见解，分享了重要的信息，并能够简化复杂的局面？你是否充分利用了客户给予的时间？记住，在今天，你是让客户选择购买的唯一原因，而非你的产品或者服务。

在开始任何会面之前，调研是不可或缺的。从企业的官方网站上可以得到有关业务方向、趋势以及挑战的各项信息。调查你所拜访的个人则有助于了解他的背景情况。假如你所在的企业配备有营销自动化系统，在开始和潜在顾客互动之前调查他们的所有情况，找出他们固有的决策过程：他们是否只是单纯地好奇，或是在考虑进行改变，甚至是已经在考虑选择何种方案了？如果和你对话的是一位老客户，你需要了解他们在近期是否有任何服务或记账方面的麻烦。

会议规划

成果

你：在会议结束之际，下一步的计划将是：_____

_____

潜在客户：他们所期待的是：_____

开场白：介绍，确定时间并回顾议题。

设置场景：分享你的价值定位、成功案例、创意见解。你的目标旨在将自己定位为一个权威的信息发布中心。将你所要讲的话记录下来。

过渡：你如何转向提问？

专注业务：引导谈话，转向会议目的。列出你希望谈论的十大问题，按顺序进行。列出相应的支持材料，例如，幻灯片、印刷材料与成功案例。

判断谁应该在现场（你或对方的企业）

推动会议：根据时间点划分会议。总结你了解到的内容，尚未解决的问题，等等，并列出下一步行动的计划。

图 30—1　规划表单

调研还能让你对整体环境有所理解。你可以判断谁会成为潜在客户，以及对于他们而言，最重要的是什么样的需求。而在准备过程中，还需要运用你对整体环境的理解，判断与潜在客户的最佳沟通方式。在准备会面的过程中，你要检查下列问题：

* 潜在客户现在处于哪个阶段？
* 他们最可能希望得到的结果是什么？
* 他们怎样才能做到？
* 他们长期的愿景是什么？

下一步，明确你从会面中希望得到的结果。对于你的潜在客户，从逻辑上判断他们下一步的计划会是什么？通过充分的调研分析，你可以判断购买者所处的阶段，从而确定你在会面中所要达到的目的，做一次深入的分析、一次个人会面来推动项目，或是一次产品演示。判断你的目标有助于你计划接下来的沟通和交谈。

最后，在规划中制定实际会面进行的方式，考虑各个时间段的主题内容。图30—1所示的规划表单可以帮助你准备好初次会面中所需的内容。你可以做简单修改，使其适用于各种具体的交流环境。

在制定会议的细节中需要进行大量工作，但这能够带来显著成效，在该领域投资的回报是颇有吸引力的；并且，无论你处于职业的哪一阶层，这都是需要长期进行的一项实践。我曾遇见过一些销售人员，他们在会面之前从不认为需要做前期的准备，总认为自己的性格魅力是获胜的决定性因素。但事实并非如此。这种处事方式会让你沦为平庸。我强烈不推荐这种方式！

会面前期的详尽规划是非常必要的，即使会议最终没有完全按照你的规划进行。规划是敏捷销售的基础，也是你建立起会谈沟通的基础，同时还能带给你足够的灵活性，帮你找寻到下一个方向点。当你成竹在胸时，客户提出的任何观点都不会扰乱你的阵脚，你可以快速聚焦，并将话题带回到自己可以把控的方向上。

------ **AGILE SELLING** ------

你规划的品质决定了最后的产出。

| 第 31 章 |
学会提出睿智的问题

提问是敏捷销售的最高技能。在整本书中，我使用了大量的问题来引发你思考。通过这些问题，你会迅速而扎实地理解相应的知识。同样，我会分享一些特别细化的问题以深化你的认知结构，进一步夯实你已经建立的销售基础。

在销售过程中，提问技巧是成败的关键所在。但是切勿再提出诸如"和我聊聊你的公司吧"或者"有哪些事情困扰着你，使你夜不能寐？"那样的问题，它们早已不再有效。如果让今天的购买者来回答那些完全可以在线找到的信息，他们会对你嗤之以鼻。购买者同样厌烦那些故弄玄虚的提问，例如，"假如我能够帮助你节省 25% 的成本，你是否会购买呢？"这样的问题，其实只会反映出你什么也无法提供。

但从另一方面，假如能够提出发人深思且极具洞见的问题，你会受到完全不同的对待。你的权威性会大幅飙升，客户会认为你以他们的利益为重，是完全值得信任的人，甚至会将你视为某种资源，认为你能够提供超越产品或服务以外的价值点。

提出睿智问题的能力可以纳入"关键必备"的技能。这对于整个销售过程可以产生立竿见影的积极效果。不幸的是，你无法期待在进行重要交流过程中，自己会突发灵感，提出颇有深度的问题，因为此时的大脑往往疲于聆听，苦于找不到下一个应当提出的问题，通常来讲一心不能二用，它只能专注于一件事。

提出的问题最终决定了谈话质量，因此你需要严谨地进行规划。当然，你选择的问题取决于你所销售的产品以及购买者所处的阶段。撇开销售的产品，你还需要在规划提问时考虑许多其他因素。

专注。着眼于你的潜在客户，围绕他们展开积极而充分的交流。他们正在为企业探索、评估、精确定位最佳方案，积极参与变革之中。因此你应当理清这些方面的问题：

* 当前现状与你所推荐产品或服务之间的关联；
* 你对他们的问题或愿景所能产生的影响；
* 变革可以带来的业务价值；
* 他们已经考虑过的可行方案或想法；
* 他们的业务侧重、风险评估以及对供应商的看法；
* 他们所处的购买阶段。

弄清楚这些问题能够让你快速构建下一步的跟进方略，以此作为敏捷销售的基石。

氛围。运用你的知识和研究提出问题。将自己定位成一个可靠的信息中心。以下是两个例子。

* "从你们客户的研究分析中，我注意到缩短产品上市时间是今年的关键目标。这对你所在的领域会产生怎样的影响？"
* "上周你下载了我们的白皮书《提高销售转化率》。是什么因素促使

你现在对该话题产生兴趣的？"

顺序。在规划问题的过程时，留意你提问的先后顺序。为了交流的顺利进行，你应当先从简单的问题开始，比如"你们销售人员在寻找客户的过程中遇到的最大挑战是什么？"你的下一个问题从逻辑角度应当是上一个的延伸。例如，接着上述提问跟进的下一个问题，可以是"到目前为止，你做了什么来提高他们发展客户的能力呢？"

在会面之前，回顾所有列出的提问。设想一下，假如你是这位潜在客户的话，会作何回答。他们是否理解你所说的？要点是什么？能否引发他们的思考？是否会让他们感觉被你牵着鼻子走？在交谈后分析哪些问题是有用的，而哪些不是。切勿提出一个会产生"愚蠢的答案"的问题。假如提问无法得到你想知道的信息，那么，你需要重新设计或是想好下一次的问题。

精通提问的学问能让你在整个销售过程中变得更加灵活。这绝对值得你为之花费精力，你认为呢？

AGILE SELLING

提出有见解性的问题能够让你建立起更高的权威，并深化与客户间的关系。

AGILE SELLING

Get Up to Speed Quickly in Today's
Ever-Changing Sales World

第 32 章
销售技巧的实践

销售是一种软性的技巧。销售过程中会涉及到许多人，因此这是一门涉及有效沟通、施加影响、拟定策略、赢得认可等多种因素的学问。因为每个人都有截然不同的生活经历、个人目标、个性化需求、工作环境以及愿景预期，所以很难找到一条放之四海而皆准的法则。

在《写给天才的小手册》（*The Little Book of Talent*）中，丹尼尔·科伊尔（Daniel Coyle）写道："软性技巧是在不断变化的环境中经历各种挑战后探索总结形成的。环境会让你遭遇各种困难险阻，在不断克服它们的过程中，你不得不进行大量阅读、认知与互动，从而建立起自身的感知网络。"

我完全赞同他的观点。纯熟地掌握销售技能不仅要知道过程如何进行，更需要不断耐心地演练才能运用自如。根据有关技能掌握的研究显示，我们应当在模拟的环境中不断尝试、重复在工作中会遇到的场景。演练是我们掌握销售技能、变得敏捷的唯一途径，是想要在未来赢得成功所必须的过程。

不幸的是，绝大多数销售人员并不懂得演练软性技巧的重要性，甚至贬低这种场景中的角色扮演。他们认为这完全是多此一举，与实战毫无干系。他们会告诉你，在同事面前这样做会显得很傻。由于忽略演练的重要性，一旦他们采取全新方式和客户进行实战交流时，绝对不会产生理想的效果！

认真地投入角色扮演是取得更好销售成绩的一条捷径。当在客户面前初试牛刀时，往往会让你手足无措，你为此必须付出代价。相信我，在同事面前出丑好过在客户面前丢脸。

最近，我针对市场营销部门的副总推出了一种全新服务，我对此非常兴奋，尤其和某家知名技术企业营销部门的领导安排了沟通会面之后。但是很快我发觉自己并没有做好充分准备来和他展开对话。

为什么我会有这样的感觉呢？我让一位同事和我进行角色扮演。使用购买者矩阵，我向她快速概述了这个对象所关注的重点领域，然后我们开始了场景模拟。但交流仅仅过去几分钟后，我便发现自己走进了死胡同。我针对该服务计划所能带来的收益，以及如何开展合作的细节照本宣科，毫无生气。当同事向我提出有关服务的问题时，我的回答显得似是而非、支支吾吾，而这又引起了她更多的问题和顾虑。没过多久她便中断了对话，告诉我发送给她更多材料，以便于下一次会面。这实在差强人意！不过这正是我可能会遭遇的——很显然，我并没有准备好和客户开始这次交流。

进行角色扮演的演练对我取得最终的成功非常重要。这迫使我重新思考，如何更好地组织在接下来会议中所要谈到的话题内容。而我所做出的策略改变可以导致完全不同的交谈，并产生更好的结果。所以，请重视角色扮演，切勿对之嗤之以鼻。

角色扮演还有助于你用最高效的方式磨练技能。你可以借此提高电话或面对面的交流、演示、谈判等方面的技能。重复、尝试、犯错，这些都是你构筑软性技能的必经之路。招募你的同事来扮演潜在客户，把他当作你未来所要面对的客户，一起提问、聆听、参与并且互动。

角色扮演场景同样还能让你在犯错的时候即刻打住——避免进一步扰乱自己的思路。你可以返回到问题出现的节点，然后重复这个过程，而不必硬着头皮继续。反复试练直到胜券在握。可以中断进程，这一点很重要，这样做能够避免你的大脑受到错误的影响，形成错误的习惯。

在角色扮演演练之后，询问这位扮演你客户的同事，及时获取反馈，并尝试解答下述问题，提取交谈过程中的有效信息，例如：

* 我说的话有意思吗，还是引起了不必要的误解？
* 谈话是否有趣，对你是否有吸引力？为什么或者为什么不？
* 假如你能对我的叙述提出一个建议，那会是什么？
* 我怎样才能够引发客户不同的回应呢？
* 我怎样做才能使得这不仅仅是一次对话呢？
* 在你看来，我在哪些方面做得不错？
* 你是否会进一步深入与我合作？为什么或者为什么不？

聆听同事的建议，记录下那些你应该加以改进的方面。不断进行角色扮演，直到所有内容都在脑中深深扎根，使你信心十足为止。

角色扮演并不是件有趣的事情，尤其是当别人对你还不够信任时。但这是一种对你自己的投资，它将使你的创造不同凡响。

AGILE SELLING

模拟演练能够极大程度地提升销售的业绩。

AGILE SELLING
Get Up to Speed Quickly in Today's
Ever-Changing Sales World

|第 33 章|
消除盲点

有时候我们会忽视自己的缺点。这并不是蓄意为之，我们只是用自己的方式来看待事物，而我们的潜在客户则可能有着完全不同的视角。所幸的是，包括角色扮演在内的许多种方式和途径都可以减少分歧，拉近我们的表述与客户的理解间的差距。

我们来看卡蒂的例子。她就职于某家小型的商务服务企业，并开始担任业务开发拓展的职位。周一，一位重要客户会前来拜访，而卡蒂则需要负责该重大会议的开幕致辞。在她的介绍之后，同事会负责方案规划的概览。尽管卡蒂在议程上只有 10 分钟时间，但是她发挥着决定性的作用，需要为大会设定基调，并且传递出她所服务的公司已经充分领会了客户所面临挑战的信息。

周日晚上，卡蒂来到办公室，在即将举办会议的房间预演她的演讲。她希望尽可能准确地模拟正式大会的场景，这样会提升她的自信心。在进行了几次之后，卡蒂决定将她的开场白录制下来。

当卡蒂回放录下的视频时，她感觉实在太糟糕了，简直可怕。在视频中，她的表现完全不像自己期望的那么专业，所传递的内容也不尽如人意。她遗漏了某些关键点的介绍，使用了过多"嗯""啊"之类的语气词，并且每张幻灯片之间的过渡亦显得生硬而不协调。

简而言之，她无法想象客户看到这些会作何感想。于是她开始认真地重新审视讲演，消除自身的盲点，并找到几处可以加以改进的地方。

卡蒂演练直至深夜，再次录制之后，她感觉演讲好多了，但仍旧缺乏她所希望传递的专业性。又经过几次反复的预演尝试，每一次她都会从视频回放中找到可以改善的地方。直到认为自己已经准备完毕，卡蒂才结束了当天的演练。

第二天，毫无疑问，卡蒂大获成功。

作为销售人员，每一次客户拜访或是会面都像是一场竞赛，你需要在很短的时间内做好准备。我们之所以会失败，原因往往可以归咎为没有从客户角度来审视我们所做的一切，这严重影响了我们潜能的发挥。

我永远不会忘记我第一次从视频中看到自己的样子，这实在让人难以接受。在角色扮演过程中，我不止一次地用手指转弄发鬓；将戒指褪下后又带回去。从视频中，我清楚地看到焦躁的习惯彻底表露了我的真实感受，根本没有想象中的沉着、冷静和泰然自若。于是我束起头发，拿掉了戒指，再次尝试。

去除掉了这些扰乱心绪的小东西确实有些帮助，但同时也揭露出另一项重要问题。从客户角度来审视视频中的自己，我的演讲看起来像是一次审讯而不是交流。呃！假如我是客户的话，我再也不会想见到这样的人。所幸的是，我仍有时间在会见客户之前作出修正。

要做到快速提升，我们需要不同形式的模拟演练。角色扮演是必不可少的，而将你的角色扮演演练录制成视频更有利于接收反馈、重新评价。聆听自己的声音是非常有帮助的，因为有许多销售过程是在电话中完成的。

不过，对我们行为的真正考验还是源于客户。因此，回顾与客户的互动过程就变得更为重要。我们是否能引人注意？我们看起来是否值得信赖？我们是否带来了额外的价值？我们的侃侃而谈是否有实质内容？我们是否喋喋不休，惹人厌烦？我们的话语是否易于理解？我们是否表现出专业精神，还是像一名拙劣的推销员？

从镜像中可以客观地审视自己的表现，可惜的是，很少有人愿意去这样做。这是一种非常简单的准备方式。尽可能提前开始准备，使你在正式"表演"之前有足够时间加以推敲改善。当你这样做的时候，你已经在销售成功的道路上迈出了一大步。

AGILE SELLING

从客户的角度审视你做得怎么样。

AGILE SELLING
Get Up to Speed Quickly in Today's
Ever-Changing Sales World

| 第 34 章 |
向超级新秀取经

假如我刚刚就职于某个销售职位，在企业内部只能拜访一位销售人员，我会毫不犹豫地选择一位超级新秀。超级新秀指的通常是就职不到 3 年时间的个人。尽管在受雇时没有深厚的行业背景，不过他们能够迅速跻身于顶尖的销售精英阶层。

重要的是，这些菜鸟登上成功的金字塔并非是单纯的运气。超级新秀凭借自身努力成为了销售大师，他们已经探索出如何在当今商业环境中赢得客户的秘籍，这是许多销售人员梦寐以求的法宝。另外，他们在入行时间上属于次新人（和那些资深专家不同），他们对于自己是如何开创事业的仍记忆犹新。通常来讲，他们会更加愿意帮助新人。

在多年之前，当我刚开始销售技术类产品时，我曾经找到过两位超级新秀，他们使我受益匪浅。我天生不擅长科学技术，这使得我在面对大量全新信息时不知所措。尽管在富士施乐公司取得了显著的销售成绩，但我仍然不知道如何在不同的知识领域中开拓客户，我甚至难以通过自己的预演。但是即便如此，我的经理仍然认为我是时候开始拜访客户了。

这时我遇到了约翰和乔。他们都已经在公司里工作了数年，表现出色。显然，他们对如何在自己的领域内开拓客户颇有心得。我开始寻求他们的帮助，幸运的是，他们两人都欣然答应与我分享成功的经验。我选择和他们分别交流以获取更多好的主意。事后证明我是对的，在与约翰、乔交流之后，我对如何开始有了清晰的认识，不久之后便有了许多会面商谈的机会。

假如你能够从新秀这里学到东西，千万别错过，并且你应该设法主动去寻求这样的机会。在和这些非常专注、由目标导向的人展开交流之前，请务必准备好自己的问题。确保你会针对某个主题（例如，挖掘客户、提案或者演示）提出有针对性的问题。专注的提问能够为你带来更有价值的信息。而在下一个销售阶段遇到问题时，你可以再继续寻求具体的帮助。

在我与约翰、乔交流之前，客户挖掘是我唯一关心的。我想要了解、学习他们是如何将一个对产品或服务不感兴趣的对象，转变成我们的潜在客户的。如果在今天，我会提出以下想要了解的方面：

* 你如何找到那些值得进一步联系的企业？你会不会使用什么特定的条件来进行筛选？

* 哪一位主要决策人将会是你最想要会见的？为什么？某个职位是否比其他人更加重要？

* 你在初次联系他们之前会调研哪些方面？应该准备哪些信息？

* 你通常使用的客户挖掘过程是怎样的？你会借助电子邮件、电话、活动、社交媒体还是其他的媒介来找到他们？

* 你能否给我举一些例子，比如电话和他人联系时是怎么说的？其中的关键点是什么？

* 你能否给我一封在挖掘客户过程中所使用的邮件样例？你为什么会使用这样的措辞？

* 假如人们对此毫无兴趣，你是如何继续和他们保持联系的？你能否

给我一些例子？

* 你怎样判断在何时应该放弃？

* 假如你正在和某个具体的个人沟通，你怎样根据他的角色调整所传递的信息？在交流过程中如何深化和他们间的关系？

* 将这些超级新秀所说的话用各种形式记录下来，复印他们记录下来的信息，你一定很希望能将这些妙策良计复制到你自己的客户挖掘过程中去。

当你就职于某个全新的职位时，超级新秀是你最好的资源之一。借助他们的经验和知识，你可以显著地缩短自己的学习周期。

AGILE SELLING

借鉴超级新秀的经验来找到最高效的途径。

第 35 章
观察最顶尖的销售

向经验丰富的专业人士学习与向新秀取经截然不同。从他们多年来的经验积累中可以提炼出更深层次、更丰富的专家级的观点与理念；他们看待问题也更加高瞻远瞩，他们在面临挑战时能够得心应手地处理。但在另一方面，很有可能这些资深销售已经形成了某种潜意识的操作方法，他们自己也很难表述出关键要领何在，只是单纯地凭感觉"知道"下一步应该怎么去做。并且，因为他们已经有许多长期的客户关系，你从某一次客户拜访中的所见所闻，或许与最终的成功之间并没有因果关系。

詹妮弗用高昂的代价发现了这一点。她的父亲弗兰克拥有一家小型的制衣工厂，为大型零售店提供货物。他的一位销售——马库斯，连续三年销售业绩遥遥领先，从单一客户身上就赢得了大笔奖金。你或许以为弗兰克会对马库斯大加赞赏，但事实并非如此，他打算过河拆桥，将钱留在家族企业之中。

弗兰克派詹妮弗与马库斯一同拜访客户，之后一天便直接解雇了他。很显然，詹妮弗从客户与马库斯的会谈描述中得出结论，她可以轻易地搞定客户。不幸的是，詹妮弗并不知道这种气氛轻松、谈笑风生的会面是马库斯耗费大量时间准备、设计以及实践的结果。

当詹妮弗接管之后，该客户很快察觉到她是个无名小卒。在短短一年时间里，他们的订单相比原先大幅缩水。

我讲述这个故事的目的是什么？你可以从与顶尖销售的沟通、观察他们的言行举止中获益颇丰。其中的关键在于你必须是一名聪慧的提问者、明察秋毫的观察者。不能管中窥豹，只见其一斑。

关注你迫切需要帮助的销售阶段。例如，你经常由于客户"不做决定"而丧失机会，去聆听顶尖销售在这方面是如何交流的，或者参与相关主题的会议。如果你太频繁地输给竞争对手，你应当参与到与资深人士进行激烈对抗的项目竞争中去。

为了使得你的观察更有价值，你应该向这些顶尖销售学习如何思考以及做出决定的。在观察之前，你可以询问以下问题：

* 这些客户处于何种购买阶段？

* 在达到该阶段之前你和他们做了什么？

* 到目前为止，你是否经历了什么困难阻力？假如有的话，是哪些？

* 接下来的这次会面的目的是什么？

* 在你看来，这次成功的产出应该是什么？

* 我们谈话的对象是谁？你能否和我聊聊这个人？

* 我们怎样开始对话？为什么要这样呢？

* 你会怎样提出问题？它们有什么重要性？

* 你是否会预测到阻力？假如是的话会是什么？你会如何加以应对？

而且在销售活动的观察之中，你还可以提出以下特定的问题。

* **客户挖掘**。你是采用怎样的方法来激发他们的兴趣，建立你的权威

以及在交流中吸引他们的？

* **初次会面**。你如何设定策略让客户对变革产生兴趣？

* **评估变革**。你如何帮助客户评估改变是否会对业务产生价值？

* **风险**。你用什么办法使改变带来的风险最小化？

* **区分**。你如何将你自己、你的产品以及你的公司与竞争对手区分
  开来？

通过预先询问这些问题，你会更加理解你所观察的环境。而后，在会议过程中，观察这些策略是如何得以执行的。通过这种方式你将学会更多。

最后，在观察结束之后，一定要花时间听取资深专家的总结。了解他们对所发生事情的看法，以及为什么他们会有这样的看法。思考交流时所遇到的阻力或意外事件，以及为什么他们选择当时的回应方式。深入探索他们的思想言行，有助于自己在专业上的提升。毕竟对于该领域的业务而言，他们已然是敏捷销售的专家了。

AGILE SELLING

向资深专家学习他们的思考过程以及与购买者的互动方式。

AGILE SELLING
Get Up to Speed Quickly in Today's
Ever-Changing Sales World

|第 36 章|
突破自我

有时寻求帮助并不容易。当阿妮卡——某家网络服务公司的首席执行官，同样也是我的好友——致电我寻求帮助时，我予以仔细聆听。她将在下周一与一位重要客户会谈。这是一次极其重要的会面，胜过她到目前为止所遇到的所有客户。故此她备感焦虑，因为仅仅在几天前，她刚刚丢失了一个预期可以成功的项目。她并不确定为什么客户选择了竞争友商，但他们确实这样做了。

阿妮卡与我快速沟通了一下她首次会议中所交流的内容。而后她发送给我一份非常精致且厚重的方案书，让我给她提提意见。看过之后，我问阿妮卡，为什么她的这位客户要寻求新的方案？她表示不确定。我质疑她所推荐的服务是否是最为合适的？她认为是这样，但亦不敢肯定。我询问她有多了解该决策者。她回答说只是有过一次交流。

虽然阿妮卡希望能在未来数日完成这个项目，但她无法回答这些核心问题中的任何一项。我当即意识到，她的这单生意很有可能会告吹，因为她根本就不知道这些最关键的信息。为避免这种悲剧的发生，我们逐一检查了这些问题点，并且一起细化讨论在接下来的会议中她所需开展的工作，以保证她能赢得这个项目。

我提醒阿妮卡去询问更深入的问题，弄清客户在当前经营中所遇到的问题，以及为什么他希望做出改变，他希望从该投入中获得怎样的业务价值。这样可以强化他们彼此间的关系，并让她知道如何做出正确的推荐方案。另外，我还建议阿妮卡等到第三次交流时才向客户提出具体方案，并且缩小规模，让客户用较小的初次投入启动项目。这样可以减少风险，并有更多的机会来展示她的能力。在此之后，完成项目的剩余部分会变得较为容易。

这种方式确实有效。阿妮卡在接下来的会议中提出了更有质量的问题，了解到许多有关对方公司真实需要的信息，用以判断如何提供更高的价值。之后，她重新修改了方案，使用在后续交流中所了解到的内容，快速拿下了该项目。当然，假如她当时没有向我要求协助，很有可能她的项目会就此告吹。

是不是有点耳熟？我相信你一定会经历过几次，可以请求协助却没有提出。我们中的许多人会认为求助是软弱、缺乏能力，或是愚笨的表现。我们都希望表现得老练精干，尤其是当我们新到某个岗位时。这样能给领导、同事或者客户留下深刻的、阳光的印象。

这个故事的道理简单而重要：你需要突破自我。你不可能知道每一件事情，尤其当你刚开始某个新的职位或销售一款新的产品服务时，寻求协助是能人的表现。这是另一种快速缩短学习周期的途径。你所得到的建议将有助于你在短时间内完成更多项目，仅此一点便值得让你放下所谓的自尊心，向他人寻求协助。

尽可能在销售阶段的早期寻求协助，这样使你有更多时间做出必要的改变。阿妮卡的幸运在于，她在和我联系之后还有足够的时间准备这次会面。但是她毕竟还是浪费了大量时间制作了一份精美却未被使用的方案。

假如更早一些提出请求，效果会更加理想。

突破自我，寻求协助，从而实现更好、更快速的销售。

AGILE SELLING

告别虚荣心，尽早地寻求协助。

AGILE SELLING
Get Up to Speed Quickly in Today's
Ever-Changing Sales World

第 37 章
善于察言观色

扎克经常会让我抓狂。即便他是我销售团队中最努力的一位，他仍然难以完成销售指标。更糟糕的是，作为他的上司，我经常接到来自客户的抱怨："快把扎克弄回去！"虽然他之前在纽约做过销售，但在面对明尼阿波利斯市的人们时，他显然遇到了麻烦。他唐突、直达主题的作风与我们悠闲懒散的交流方式显得格格不入。

在和他一起拜访过客户后，我感觉到为什么客户会有这样的反应。扎克的销售意图太过明显，从他开口那一刻起便可感受得到。只要一旦察觉到客户对当前现状有丝毫不满，他便主动上前，顺水推舟开展攻势。而此时客户往往会立刻退缩、退避三舍，他们交叉起双臂，抱在胸前，而扎克却丝毫没有感觉到。

对扎克而言，客户对现状不满的最终导向便是项目机会——这也是他追求的目标。不幸的是，他完全忽视了当客户在顾左右而言他时所透露出的字面或非字面上的信息。

扎克习惯于紧贴到别人身旁，但是客户并不喜欢这样，我也是。当我们走去销售会议室时，我不得不留意和他保持距离，而他会很快靠拢过来。没多久，他和我两人都已紧贴路的一边。"扎克，"我说着将他往外推了一把，"给我一些喘息的空间。"

当我开诚布公地告诉他这样的行为太过激进，让人窒息时，他被震惊到了。他完全没有注意到人们对他的反应，以及这对他绩效的影响。

销售永远是一门和人打交道的学问，你需要借助人来制定决策，而非公司。因此需要对我们给他们的影响力保持足够的认识。我们做的每一件事都会使双方靠近或远离。

当注意到人们对我们表现的反馈之后，我们需要做出决定：继续保持原有方式，或者另辟蹊径。假如你注意到以下信号，这或许意味着你并没有把握住他们的意思：

* 他们扬起眉毛，似乎对你所说的表示怀疑；
* 他们显得烦躁不安，或是毫无耐心地敲击手指；
* 他们的脑袋微微向前后摆动；
* 他们的答复显得犹豫或者模糊不清；
* 他们的眼神不愿意和你相触；
* 他们向后倚靠，抱起肩膀。

假如你注意到这些负面的信号，请立刻停止并调整方向。或许你甚至会说"你没有注意到我所说的吧"，或是"似乎你对在这里做出改变还是有些犹豫吧"。实话实说对你和客户都有好处。

又假如客户靠近你用心聆听，目光专注在你身上，这些都是积极的信号。如果客户频频点头，说话语气热情激扬，这也是好事。当看到这些现象时，你可以说"这看上去似乎对你会有所帮助"或是"你一定也遇到我刚才所说的客户类似的问题吧"。这证明了你和客户已经志同道合，英雄所见略同。

最重要的是，识别出这些细微的，或是语言之外的蛛丝马迹可以让你更好地认识到客户对你的想法、产品或服务的真实感受。通过增强自身的感知能力，你可以变得更加灵活，当机立断，取得更好的销售业绩。

AGILE SELLING

观察人们表现出的细节，并依此做出调整。

| 第38章 |
准备救场措施

即便做了再完善的规划，在职业规划中有时仍会遭遇挫败。在数以千计的销售拜访中，我遇到过许多次这样的事情。而且你愈焦急，项目告吹的可能越大！以下是这种灾难经常发生的场景。

你正在与客户交流，努力尝试成为他们的顾问。你询问客户的当前现状，尽可能多地想要了解他们的销售情况。在得到客户的反馈之后，你尝试着更进一步："那么，你在这一领域中是否有遇到任何问题或者困难？"你的客户点头说道，"是的，确实有那么一些困难。"

听到这句话之后，你的心砰砰乱跳。他们的困难点正是你所能解决的。哈利路亚！在弄清楚之前，你的身体已经靠了上去，掩饰不住兴奋地说："哦，你们有这方面的问题？这正是我们可以提供帮助的。"此后你开始滔滔不绝，分享着产品或者服务中的各项细节，因为你认为这绝对会打动客户。

而客户当即觉察到了这种转变——你正在展开推销攻势，谈话就此结束。因为这时他只想着保护自己。稍过片刻，他问道："这样做需要多少成本？"当你答复之后，他的结论是"哦，太糟糕了。我们根本没有这么多预算。"

我相信你一定熟悉我所描述的上述场景。你或许会认为经过多年的销售经历，我早已不再会陷入这种僵局了，但我有时在看到某个机会时仍会兴奋不已。这是一个危险的信号，一盏预警的指示灯，告诉你小心偏离正常的销售轨道。在这时，我们必须要能及时打住，在遭遇迫在眉睫的事故前踩住刹车。

所幸的是，我发现了一种救场策略，可以及时地使我恢复到与客户交流的正常状态。我教会过数以千计的销售人员，帮助他们在发现自己开始就产品滔滔不绝时挽回残局。

"抱歉，先生。有时意识到我们或许可以提供帮助时，我会变得过于兴奋。但我确实对你的业务还不够了解。让我们再回到你刚才提到的那些挑战上吧……"

在你的救场陈述最后提出一条与客户所面临困难相关的具体问题，并以此继续深入。不论你相信与否，客户往往会因为你操之过急而发笑，并且很容易便接受你的道歉。他同样会欣赏你机智地返回到原先的交流上，并仍然专注于他们的业务。

当你仍是销售新手时，有时候很难判断自己是否已经"出轨"了。以下这些信号可能预示着你会遇到麻烦：

* 突然之间你顿感兴奋，发现了客户正面临着某种"问题"；
* 你身体前倾，就你的产品或服务开始滔滔不绝；
* 你迫不及待地想要一股脑儿讲完"所有事情"；
* 客户开始双臂交叉，身体后靠，尽量与你拉开距离；
* 客户开始询问各种问题，使得你疲于解释；
* 室内气氛单调，人们开始打哈欠，或是查看短信。

留意会议过程中出现的这些场景，以及在发生之前你所说的话和所做的事情，并思考：你在此之前是否也遇到过类似的问题？这是否是你身上容易发生的一种模式呢？

最近我和杰夫谈起一次重要的销售拜访，那次他带上了我们的技术支持人员。杰夫让这位技术人员向客户介绍我们是如何处理向新产品过渡的。这着实是个糟糕的想法。信马由缰的技术人员口若悬河，谈论了每一项细节。他们甚至将客户礼貌性的点头误判为他的兴趣点。更糟的是，杰夫没有能够控制住话题，让话题回到客户的实际需求上。当他们离开时，客户说："感谢告知我们目前的新情况，我们如果准备进行转变的话会通知你们的。"

当我们后来回顾这次销售拜访时发现，很显然，杰夫并没有在技术偏离轨道时采取救场措施。在下一次拜访中，我让他做好这三件事情：（1）更好的规划，明确定义他和技术人员的工作；（2）定义一种信号（一声咳嗽或是轻踢一脚）让技术人员知道何时应该打住；（3）杰夫可以用一个短语来打断，并重新接过谈话；"感谢兄弟介绍了这么多细节。我们回过来谈谈你刚才提到的那几个问题吧。"

在威胁临近之前，我们要能够及时打住。如果没有计划好的救场措施，你会很难再次掌控大局。相反，还经常会发现自己语无伦次，陷入更糟糕的局面。各种临时出现的压力会让你难以找到权宜之计。

相信我，你永远不会想处于那种境地。针对常见的困境，设计好应对策略会让你在工作中游刃有余。

AGILE SELLING

准备救场措施来应对不可避免的尴尬处境。

| 第 39 章 |

勤于检讨反思

我快抓狂了。在用了整整两个小时更新我的网页后，保存操作时居然使所有信息都不见了。我焦急地致电网管。在她接通电话后，我沮丧地倾诉着丢失的所有资料。电话那头沉默了一会儿，随后传来了几个字"这有点意思"，而后便没有了声息。

有点意思？当听到这样说的时候，我有了一些全新的看法。我"有意思"地发现这件事情对我根本一点都"没有意思"。我联想到了司空见惯的情况，销售人员做着例行的事情。当发现销售陷入僵局时，他们很少反思自己——我或许做错了什么，从而造成了现在的这些问题。他们会急于寻求帮助或束手无策，不过他们很少会说："嗯，这有点意思。"

设想如果认真探究一下客户为什么会作出这样的反应，你会得到怎样的结果。举例来说，你在早上的时候和某个家伙进行了交流，你告诉他为什么应该考虑对现状做出改变。不过他态度固执，一味地不予理睬。

嗯，这有点意思。或许他不买账的原因只是你解释服务收益的方式问题；或许你没有询问足够多的问题，让他感觉你在催促他做出一个他没有准备好的决策。

回想一下你正准备与十家新企业客户建立联系。你或许在上周已经拜访过他们，而后用电子邮件的方式跟进。但到目前为止，你可能仍没有得到他们的任何答复。

嗯，这有点意思。或许需要传递一些更为有效的信息；或许你的邮件标题就让他们想要直接删除；或许可能是你的声音听上去毫无自信，或者像是一名产品推销员。也有可能他们只是太忙了，认为应该由你主动去联系他们。

那么如果是我，在这种情况下会怎样做呢？不论你是刚到新岗位上的销售专家，或是刚入行的菜鸟，通过自检反思，在业务上你可以更快速地得到提升。

正如我在前文中所曾提及过的，最让你郁闷的是潜在客户最终决定不采取行动。这些"油盐不进"的客户的确可以从你的产品或服务中受益，却选择墨守成规，抱住老皇历不放，视之为金科玉律。为什么会这样呢？事实上，有许多业务丢失的原因在于过于草率的推销方式。为了避免这种情况的发生，很重要的一点在于当销售会谈结束后进行自我检视。

如果你刚开始销售工作，回顾检视更为重要。你通常不得不对自己的业绩进行自我评估。有时候你会收到很多意见，比如同事、领导，或是和你一同参与客户会谈的培训者。

无论何种情况，你都要对如何提高自身的销售能力保持进取心。苛求自己的行为举止；在与客户的互动过程中，特别留意那些使交谈变得非常困难的时刻；记下在什么时候事情进行得顺风顺水，甚至好于预期。总之，严格要求销售过程中的一言一行。这是不是有点意思？

在回顾销售会谈的时候，问自己或同事以下 4 个问题。

（1）我原本期待怎样以及实际发生了什么？假如事实与你所希望的一致，那么应该说你的准备是充分的。否则这代表着你忽略了一些事情。

（2）我在哪里遇到了困难？找到自己的疏漏是为了避免不会重蹈覆辙。如果某些领域是你的软肋，必须充电加固。

（3）我可以有什么不同的做法吗？通过头脑风暴得出一些方案。特别留意那些你可以改善处理事情的方面。最好能探索出可以整体消除障碍的途径。

（4）我做得足够好吗？发现强项同样重要。你应该坚持不懈、不断重复，同时寻思如何才能再接再厉、更上一层楼。

切勿在失去某个项目时局限于这一项目本身。对项目诊断保持同样的好奇心。切实深入地剖析你在激发兴趣、演示价值、建立商业应用等方面的表现，找到可以让你取得成功的关键点位。

保持好奇进取之心可以让你更快地实现成为专家的梦想，提高自己在各种意外变故中作出迅速响应的灵敏度。

AGILE SELLING

通过不断自我审视实现快速的提升。

AGILE SELLING
Get Up to Speed Quickly in Today's
Ever-Changing Sales World

|第 40 章|
避免重大失误

截至目前为止，我们已经介绍了许多主动式策略，帮助你确保销售流程按照你所希望的方式进行。其中的大部分包括认真的准备、规划、测试、修订。这些是敏捷的核心；在最基本的工作完成后，你可以根据进程中的变化增减调整以适应新情况。

而在这个过程中，我从没有提到过态度。你或许听到过许多关于积极思考重要性的言论。多年以来，励志大师们不断鼓励我们，相信自己能够达成目标，做成大项目，打败竞争对手。你很乐意接受这种鼓舞人心的感觉。

但是，积极的思考方式有时会事与愿违，这是真的。纽约大学心理学家，加布里埃尔·奥丁根（Gabriele Oettngen）博士最近的研究显示，你越是幻想会实现目标，你达成目标的可能性越小。幻想会催眠你的大脑，使之松懈；让它感觉困难的工作已经过去了。于是你的关注度与辨别力开始下降，使你更难实现目标。

相反，奥丁根博士发现"心理对照"比单纯的积极思考更加有效。从本质上讲，这表示你同时幻想着以下两件事情。

127

（1）如果能够完成某个大项目（你的目标）该有多好；

（2）在达成该目标过程中将会遇到的所有阻力。

负面想法对于防止重大失误有着神奇的作用；而正确引导积极的态度则有助于把握各项工作，促使成功概率的最大化。

我所熟知的每一位顶尖销售，都以各自独有的方式来应对积极与消极的方面。他们对最终结果往往会过于乐观，但另一方面对每一个容易出问题的方面防微杜渐，这样的心态促使他们最终取得成功。

让我们切身感受一下，尝试虚拟这样一种思想冲突的场景。在一次即将到来的重要会面前，先让自己沉醉于意气风发的心态里；用几分钟想象你走出房间或者挂断电话的同时，脸上灿烂的笑容透露着成功的喜悦。客户同意进入下一步商谈，很显然，他们非常愿意与你开展合作。

接下来，认真思考一下所有会阻碍你达到目的的障碍。有哪些可能出错的环节？写下你所有的顾虑。你可能会遇到技术方面的问题；有人站出来支持其他企业；你的主要联系人在最后时刻倾向了别人；出现了六个完全陌生的人，而你只预计是一个人；或者是你的报价有点离谱。

对于已经具有一定经验的销售人员，上述这些障碍想必不会陌生。当你第一次遭遇这些情况的时候，你的项目往往会告吹。（从以往经验来看）甚至你都不想去回忆曾经因此失去过多少机会，或者你将其归为不可抗力，以减轻自责，如此宽慰自己。

不幸的是，绝大多数人并没有足够认真地审视自己，如何可以更妥善地处理这些障碍，或者更进一步，如何防止障碍的出现。

对我而言，遭遇技术方面的问题是最为常见的。如果事情第一次没有做对，我很容易便产生气馁的情绪。因此，现在每当我进入会议之前，我都倾向于准备好 A、B、C 三套方案，根据需要随机应变。我认识到了自己最大的弱点，并且确保这不会轻易发生。

不过这和我认为的造成项目失败的最主要原因相比，实在是小巫见大巫，即会谈的对象最后决定继续维持现状。如果这发生在你身上，那么你确实需要弄清以下几点：

* 为什么他们不认可变革的价值？
* 我是否能够运用更好的商业论证？
* 我应该提出怎样的问题，让他们意识到保留当前状况所需的成本？
* 我是否过快推导到解决方案上了？

用不同种类的方式来测试、挑战自己。记住，先要想到自己达成目标的场景，然后认真思考如何消除前进道路上的障碍。当你提高了对出现隐患的关注度后，也就降低了出现隐患的概率。

AGILE SELLING

用负面思维来思考销售过程中可能会出现的问题。

第 41 章
降低大脑的记忆负担

你是否曾经感到过超载的大脑已经不堪重负？我很熟悉这种感觉。我原是那种希望可以无所不知的人。但是当有太多事情需要牢记于心的时候，我的记忆系统往往会掉链子。这使我变成了笔记狂人。尽管记笔记对于记忆有所帮助，但是在面对海量信息时仍然显得无能为力。

备忘录是另一种方式，让我仅仅关注重点要事。不幸的是，我仍然会因此忘记重要的事情。时间紧张、精神压力都会加剧这一问题。

数年之前的某一天，我告诉家人一件让我非常沮丧的事情——我发出的电子广告中所附加的链接是错的。数百人都向我反馈了这个错误。为了解决这个原本很容易避免的问题，我花费了数个小时。这时，我当飞行员的儿子立刻打断了我，询问我是否有检查清单。对此我不屑一顾，反驳说我是专业人士，而非麦当劳的门店员工。我以丰富的经验来应对复杂的工作，这是无法被简单归纳到检查清单中去的。但是他显得很坚定，表示飞行员通常都会使用检查清单，即便是他们中最有经验的。

从那时开始，我们的市场总监制作了一份检查清单，在我们点击"发送"每一份电子广告之前都会认真严格地逐一检查。也是从那时起，我们再没有出现过类似的低级错误。不久之后，我也成为了使用检查清单的粉

<u>丝</u>，这让我有可能把释放出的记忆的内存，用于更加重要的方面。检查清单避免了你可能在无意间会犯下的低级错误。

下面是我最近为在线视频会议制作的检查清单，在每次开会前，我都会逐一确认列表上的每一项：

在线会议检查清单

准备期间

☐ 整理我的工作台；

☐ 打开灯，避免自己坐在窗前；

☐ 调整摄像机至眼睛的水平线；

☐ 测试设备（摄像机、幻灯片、扩音机）是否正常运行；

☐ 提前 5 分钟登录会议；

☐ 使用耳机来消除杂音；

☐ 关闭电子邮件、即时通信消息与其他的干扰因素；

☐ 将自己呈现在屏幕中心位置，距离计算机 3 尺（1 米）；

☐ 打开摄像头；

☐ 将视频会议参与者的窗口调整到正中，保证眼神交流；

☐ 在会议开始时按下"开始钮"。

会议期间

☐ 眼看摄像机、保持微笑，在人们登录时致以欢迎；

☐ 正式介绍前闲聊几句；

☐ 回顾会议的目的和时间安排；

☐ 宣讲重点和关键信息；

☐ 用提问方式获取他人的见解和看法；

☐ 就下一步工作安排提出建议或征求意见。

会议后续

☐ 发送电子邮件确认会议重点，决策制定以及待定事宜；

☐ 将会议记录发送给错过会议的相关者；

☐ 回顾会议，找到可以自我改善的地方。

看到检查清单多么给力了吧！每次进行在线会议时我都会用到它，即便我已经有过数百次经历。道理相当简单，我不必将脑力用于会议前的预备工作，而可以全力专注于完美的执行细节上。

当你开始熟悉新工作的时候，思考一下你可以通过创建哪些检查清单来简化工作，并确保工作的正确执行。以下是一些建议：

* 拜访前调研工作的检查清单；

* 客户管理系统（或任何其他技术应用的）检查清单；

* 销售提案的检查清单；

* 商机跟进的检查清单；

* 推荐推举的检查清单；

* 消息通知的检查清单；

* 重要提问的检查清单；

* 讲演的检查清单；

* 准备征求建议书的检查清单；

* 合同签约的检查清单；

* 商务谈判的检查清单；

* 部署实施的检查清单。

如你所见，创建检查清单可以帮助你简化大量工作。要创建一份全面而实用的检查清单，你需要记录下完成某项任务或流程的所有步骤，从而将你的新工作逐步简化、简化、再简化。更重要的是，这样做提升了你的销售敏捷性，你的大脑不再需要去记住那些复杂的工作应该如何执行，而是能专注于策略或与购买者有关的方面，这些对于销售会更有价值。

AGILE SELLING

创建检查清单来确保你不会落下什么。

AGILE SELLING
Get Up to Speed Quickly in Today's
Ever-Changing Sales World

|第 42 章|
纠正根本原因

近期我与某家成长型技术企业的执行官们进行电话会议。两周之前，我在他们的销售启动大会上讲话，介绍如何在寻找客户的过程中做得更好。我们谈到了各项可行的策略，来确保销售人员能够熟练运用他们所学到的内容。

在我们的通话还剩 10 分钟的时候，销售副总杰夫提出了一个销售人员都很喜欢提出的疑问："我们下一步可以和你如何合作呢，吉尔？"在我回答之前，大区销售经理金杰插话道："结单技巧正是我团队的短板。我们因此错过了许多机会。"

"请介绍得更详细些。"我说。金杰很快列举出了三个销售商机未能转化成实际客户的例子。而这时我提出了最后一个问题："你是输给了竞争对手还是客户决定放弃？"

"客户什么都不做，"金杰回复说，"而且糟糕的是，在此之前我们做了所有需要做的事情。他们看过演示，我们也提交了方案，但是他们表示自己没有预算。"

"在我看来，这并不是结单能力的问题，"我总结道，"人们不选择购买是因为他们认为这种改变并不值得。这才是真正的问题。无论你的销售团队经过多少结单培训，也不能解决他们的根本问题。"

不要被错误的信号误导了方向。由此我们会很容易得出错误的结论，认为你需要在某些完全不相关的方面进行调整，以此来改善结果；应该更深层次地判断客户所面临的根本性问题。在此之后，当你可以据此做出改变，运用不同策略的时候，你通常可以实现截然不同的结果。

以下这种解决问题的方式或许有助于你找到问题的根本所在。

（1）找到所有可能的问题原因。多数销售往往会倾向于某个单一的结论（例如，结单技能），并就此画上句号。扩展思维，思考这些简单的结论以外的事实，找到引起销售问题的根本原因，以及是如何因之而起的。回答以下问题：什么引发了我销售过程中的问题？还有什么可能会是导致这些问题的原因呢？列出所有潜在的因素。

（2）区别你可以控制的和你无法掌控的部分。你不可能影响到经济走势或行业趋势。但是你完全能够掌控你和每一位客户的互动过程。

（3）对各项因素进行排序。现在你已经找到了那些你有影响力的领域，回顾一下它们分别处于销售周期的哪个阶段。从我的经验来看，根本问题往往出现在销售过程的早期阶段，而非人们通常所认为的在项目的后期。例如，所谓的结单问题可能是出于客户并不认可改变对于他们是值得的。要解决这类问题，销售人员需要更加专注在如何构建出更好的商业模式上，而非更加努力地去结单。自我提问：引发问题的真正根源是什么？

（4）运用头脑风暴找到解决方案。辨识出你可以施加影响的领域后，运用头脑风暴的方式来加以解决。或许你可以提出更好的问题、设计出更具吸引力的投资回报方式、推迟方案推荐，或者制作更精彩的讲演稿。在你卡住的时候，和别人聊一下，他们或许会给到你一些新颖的主意。最后，采取行动。

　　每个销售都会遇到这样那样的问题，这是不可避免的，但你如何应对问题的方式决定了最终的结果。敏捷销售会比普通人更加开放地面对、接受不同的可能和方案。因此，他们更有可能找到并解决他们的根本问题，而绝非仅仅停留在问题的表面上。

AGILE SELLING

要正确地解决问题：知其然又知其所以然。

AGILE SELLING
Get Up to Speed Quickly in Today's
Ever-Changing Sales World

第 43 章
紧跟技术潮流

跟上快速变化的节奏会让人气喘吁吁；假如同时还需要你去掌握某项科技，这着实让人望而生畏。对每一份销售岗位的工作，有一些技术属于最基本的范畴，例如，电子邮件或客户关系管理系统；而另一些技术——诸如 Skype、GoToMeeting、LinkedIn 和其他的一些——则属于锦上添花的类型。

对于有些人来说，学习如何使用新技术是他们与生俱来的能力。但对像我这样的人而言，这却非常困难。如果有可能的话，我会考虑聘请专家给我进行一对一的培训。当然，我可以去阅读使用手册，但我往往很容易便会迷失其中。得到他人的协助可以大大缩短学习周期。

在熟悉各项新技术之前，你要做的第一件事便是进行分类排序。找到哪一款应用程序对你是最为关键的，并由此着手。如果你已经熟悉了相类似的技术，可以快速归纳一下新旧产品之间的异同，这样可以让你能够开始日常的操作。你可以在日后再根据具体需要，学习其中的细节。

假如你所学习的是全新的技术，以下学习策略可以让你在最短时间内达到精通的水平。

* **知晓目的**。理解可以借此实现的功能、达成的目的，会让你更有动力完成整个学习过程。它可以让你提高生产力，更加深入洞悉客户所需，提升你的销售转化率。

* **分组归类**。辨别出哪些是首先需要掌握的，或者其功能将有助于某项重要的业务。近期我着手学习使用一款新型的演讲软件，其拥有难以计数的各种功能。我首先选择专注于如何向位于不同地区的购买者提交带语音旁白的方案书这项功能。现在在领会了这块功能后，我继而转向支持 YouTube 的应用程序功能。一个时间段只做一件事让你更加专业、更为自信。

* **观察学习**。让你的培训师（无论是同事还是 IT 专家）向你完整展示一遍所有的流程，解释清楚它们的功能和设计目的。这会让你对即将学习的内容，以及相应的步骤顺序有一个宏观的概念。

* **一同工作**。在观察专家是如何使用该程序之后，你自己着手做一遍。让培训师指导你应该在流程的每一步做什么。你应当做即时笔记，以免忘记（这种场合下非常适合使用检查列表）。

* **单独工作**。重复上述过程，这一次尽量由自己完成。培训师这时的角色是在一旁观察，并在必要时提出建议。坚持下去，直至完成整个过程。

* **进行演练**。当涉及到与客户接触的技术时（例如 GoToMeeting 或 WebEx），这一步会显得尤为重要。你一定希望在客户面前以专家的姿态出现。如果可能，让你的培训师或同事参与到该测试的演练中。

培训师可以针对有关技术为你做快速的介绍，不过多年来，以我的经验来看，你需要能够驾驭培训师，把握住方向。他们有时太喜欢向你阐述如何通过不同方式来完成同一项工作。而这很容易混淆你的思维，让你什么都难以记住。我如今往往会让我的培训师教会我用最简单的方式来完成工作。

你或许会想到使用视频教材。在没有他人协助的情况下，这确实是最佳选项。我经常会在学习阶段观看那种逐步指导的课程。通常软件程序的开发者会将培训模块上传到网上。如果没有的话，你可以检索"课程＋技术名称"，从而找到许多资源，包括视频、PDF、指南，以及检查列表。

最后，当学习新的技术时，你要设法进行每天或者每个星期的实时应用。这样做非常关键，因为否则的话，你所学的内容很快便会从记忆中淡去。一旦掌握了某一项技术后，立刻进入下一项的学习，切勿让自己停顿下来。这样学习过程才会变得越来越容易。遵循上述这些策略，即便像我这样对技术恐惧的人，也能成为一名熟练的使用者。

---- **AGILE SELLING** ····

用心学习新的技术：分组归类、观察学习、进行演练、不断重复。

|第 44 章|
追求最佳的影响效果

作为销售人员，你身处企业的产品服务与购买者需求之间。要做好这份工作，你需要能够扮演分析师、趋势预言家、研究者、信息翻译员、传道者、点子专家、关系构建者、导师、项目经理等各种角色。你要有很强的领会能力，灵活的思考性，并在需要时见风使舵快速调头。你所拥有的知识、洞见以及理念是你胜人一筹的关键因素。

在本书中，我们已经浏览了许多策略，帮助你在新的销售岗位上快速成长。但事实上，仅仅了解这些内容是远远不够的。出类拔萃的销售会比同行花费更多的时间来准备每次会面，在他们职业生涯的任何阶段都是如此。他们都会进行角色扮演；定期事后分析；他们会不断地和同行交流想法和建议。

最重要的是，顶尖的销售勇于尝试。业绩出众的敏捷销售在每次与客户的互动中追求最佳的影响效果。他们每次和潜在购买者沟通互动时，都会考虑如何变换方式以取得最佳效果产出。

在客户探索阶段，他们总是在思考运用全新的途径来提升效率。他们会尝试不同的邮件标题、开场白、问候语和所要传递的信息。在进行讲演时，这些销售会念念不忘最终的目标所在，寻找出达成该目标的最佳途径。

他们会通过负面思考的方式搜寻出潜在的陷阱，从而用创造性的方式来化险为夷。

顶尖销售对他们的客户异常敏感。在会面之前，他们会从客户角度审视会议计划。内容是否中肯？专注重点是什么？流程是否合理？是否易于理解，或者太过简单？在会议期间，他们会找寻客户真实想法的蛛丝马迹，并以各种方式加以确定。

你对于销售过程思考得越多，便会收获更多回报；你学习得越多，在应对问题时你的资源也会越丰富；你探索实践得越多，成功的概率也就越高；你思考得越清晰，在销售会议中就会变得更为敏捷。这无疑是一条积极向上的发展曲线。

重视最佳影响效果的发挥，你可以以更少的客户、最小的竞争，在最短时间内完成你的销售目标。在既定的目标客户上赢得更多业务，这无疑是我们一直所追求的。

不断地质疑自己："我如何产生最佳的影响效果？"当你这样思考时，你已经在不断地提升自己的业务水平了。正如我们所学到的，专注取得更好的结果，是专业精通所必需具备的心态。

AGILE SELLING

专注于如何产生最佳影响效果，从而达到最好的绩效产出。

第五部分

销售人士的 18 个成功习惯

　　保持敏捷性是赢得可持续成功的关键所在。根据自身所需，保持这些成功者的习惯可以提升你的技能、持续地自我激励、勇敢地接受挫折，以及更好地管理时间。

AGILE SELLING
Get Up to Speed Quickly in Today's
Ever-Changing Sales World

AGILE SELLING
Get Up to Speed Quickly in Today's Ever-Changing Sales World

|第 45 章|
必须具备成功的要素

现在到了终极阶段。截至目前，你已经学习了取得销售成功所必须具备的心态，认识到成功的心态、将阻力转化为机遇的能力以及建立容错机制的重要性。你已经掌握了许多策略用于快速熟悉产品、服务与客户。同时你也找到了如何快速地学会各项技能的方法。

现在我们要将注意力转向取得成功的习惯——你可以每天或根据需要对这些技能加以演练，以确保你处于领先的销售地位。通过本章内容，你会发现许多策略，助你实现下述目的：

＊ 最大化生产力，从而让你在尽可能短的时间内完成尽可能多的工作；

＊ 在你面临绩效压力时仍保持进取的状态，风雨兼程；

＊ 助你在进退维谷时扩展思路，发现创新的解决途径；

＊ 实现一种让你能更顺畅达成目标的工作环境。

这些策略中的一部分源于对销售行家的深入观察、总结和提炼，而另一些则出自对会影响销售力的分析与研究。在多年的销售过程中，我个人会使用其中的部分工具和技巧，它们对我和我所分享过的每个人都产生了显著的效果。

　　找到这些成功的习惯是你通往销售专业道路上的一个里程碑。在该领域中应当引起足够的注意力，毕竟，你肯定不希望故步自封的行为习惯拖你的后腿。

　　因此，从现在开始认真学习这些会引发你共鸣的短文。你也可以根据前文提示立刻采取行动，当遇到障碍以及准备更上一层楼时，回过头来重读本书，温故而知新。

> **AGILE SELLING**
>
> 培养容错的销售习惯和思考方式。

AGILE SELLING
Get Up to Speed Quickly in Today's Ever-Changing Sales World

| 第 46 章 |

90 天成功销售计划

要确保在新的岗位上拥有一个良好的开端，我们已经讨论过，你需要主导自己的学习过程。切勿将其交由他人，即便公司为你配备了完美的培训计划，这也难以涵盖每一个细节。除此之外，如何成为敏捷的销售者依靠的是自我奋斗。

为了让学习过程易于量化，最好的方法是创建一份为期 90 天的计划，来涵盖你需要学习的全部内容。这样的时间段并不很长，让人既感觉易于管理，又可以有所产出。

以下所列是一份简单的 90 天计划，便于你对必须涵盖在学习日程中的所有课题有一个完整的认识。

第 1~2 周

完成公司特定的培训（例如：产品、销售和行业相关的培训）。

制定并优先排序"关键须知"信息，以建立起在相关领域的权威性。

将自己沉浸于有关的产品知识与市场信息之中。

开始勾勒出主要客户的购买者矩阵。

创建个人词典、备忘录以及检查列表来帮助记忆。

147

绘制出决策过程，理清针对购买者的所有步骤。

明确主要的客户现状和商业场景，以及如何去诱发改变。

快速进入状态，掌握开展工作所需的各项技术。

着手搜集成功案例，了解你所能带来的差异化竞争。

第 3~4 周

持续而更深入地了解购买者和产品。

模拟正式场合进行演练，确保你的讲演生动且清晰。

与重要的客户沟通，建立联系。

接触同事，学习他们的专业知识：

* 有效的客户挖掘策略；

* 拜访超级新秀与经验丰富的销售；

* 聆听他们的电话交流；

* 现场拜访以及其他销售活动；

制定目标潜在客户列表，拜访决策制定者，并启动客户挖掘。

花时间准备你的销售会议。

对所有新的销售活动进行角色扮演，确保你准备好面对客户的关键时刻。

第 30~60 天

持续上述工作，深化"关键须知"领域的认知与实践。

找到在客户挖掘过程中可以加以利用的触发事件。

重新审视关键客户，筛选出机会和存在的问题；制定、启动各项策略来强化彼此之间的合作关系。

最终调整客户挖掘的方式，找出改善效率的途径。

制定一种策略来开启与客户的交流谈话。

扩展对于企业、销售资源与相关人员的认识和了解。

利用好各项信息记录、客户调研，及与客户沟通交流的工具技术。

投入时间准备销售会议，对新学到的销售技能进行角色扮演。

在重要的拜访之后进行评估反省，找到其中可以加以改善的地方。

观察同事的行为方式，找到可以从中学习的地方。

第 60~90 天

持续上述工作，扩展"关键须知"的知识领域。

将更多的客户加入到潜在商机中，与此同时，推动现有客户的决策过程。

提高销售行动的产出，优化在高产的销售活动上的时间。

拓展与关键客户的联接，致力于解决他们的问题，提出创新的想法；通过拜访客户来了解更多有关他们的流程和商业价值，从中找到你可以为之提供帮助的地方。

观察、监督自己的行为，找到可以提升的领域。

参加一个相关的贸易协会，参与他们的会议活动。

请注意，你的 90 天计划可能与上述这份截然不同，这取决于许多因素，比如你销售的物品、你所接受过的培训、你的经验水平、你销售的周期时间，以及公司所能提供的协助等。

确保每周和你的领导交流一下你的 90 天计划。你会想要不断地弄清他的期待，汇报相关进度，回顾机会，对拟定的策略进行头脑风暴以提高你的技能。

　　将你自身的学习周期变得易于计算，这种敏捷销售的习惯会让你了解自己的进展状态，使你能胜任任何全新的职位挑战。

AGILE SELLING

创建一份学习计划，加快你专业化发展的速度。

AGILE SELLING
Get Up to Speed Quickly in Today's
Ever-Changing Sales World

|第 47 章|
高效利用你的每一天

作为新人，你每天很难有足够的时间来做完所有的事情。无论多么努力，你都只能完成待办事宜中的一部分。这便是为什么你需要用更加高效的方式利用好你可以掌控的有限时间。不幸的是，绝大多数销售都习惯于从检查邮件，登录客户关系管理系统开始每天的工作，从起点便走了弯路。

为什么说这两项无足轻重的日常工作会引起问题呢？不论你相信与否，查看电子邮件其实是一种非常耗神的工作。每一条消息都需要你进行思考；并且你得对其中的大部分采取行动反馈信息。这类工作干上三四十分钟就会让你的思维陷于僵化、创意被扼杀，并且让你完全遵从他人的工作排序，难以把握自己的重点。更糟糕的是，客户管理系统中每天的待办事宜，让你无法从杂乱的琐事中甄别出轻重缓急。

要确保你可以在最短时间内完成最重要的工作——或者说尽可能短的时间内——不妨遵循以下策略来高效利用每一天的时间。

每天的工作排序。对每天的工作进行排序是在早晨思维最敏捷时所应当做的第一件事。根据戴维·洛克在《大脑在工作》一书中的观点："优先排序是最耗费大脑能量的工作之一。只要经历过稍许脑力活动之后，你便很难再有精力从事优先排序的工作了。"

151

在开始每天的工作时，记录下你需要在当天完成的三四件最重要的事情，并且找出你执行这些任务的先后顺序。永远从处理最重要的工作着手。这样无论发生了什么事情，你总是可以在关键任务上取得进展。优先排序同样制约了你在当天不需要考虑的事情，你肯定不会希望将宝贵的时间耗费在不必要的工作上。

将你的时间分组。这一点非常重要，然而很少有销售人员可以高效地运用这项策略。你应该将时间分割成 30 分钟、60 分钟或 90 分钟的时间片段，再长则不可取，效果往往适得其反，难以达成预期的目标。

在这些时间片段中仅从事某一项工作。进行客户挖掘拜访、准备提案、研究公司、针对关键客户制定策略。在某一时间片段只专注一件工作时，你很容易进入到"心流状态"①。你的大脑开始高速运转、挥洒自如，让你在有限的时间内完成更多的工作。

我发现时间分组对特定的销售活动非常有效。举例而言，在与一位优质客户进行电话交流之后，我会分出特定的 30 分钟来整理笔记，找出我可以提供价值的方式，并草拟一份在下一次交流中使用的提纲。通过立刻采取行动，我更易于产生好的点子，并且无需在事后花费时间来重温旧梦。

另一种利用时间分组的方式是在客户挖掘过程中。你很有可能要经过 8~10 次尝试后才能与客户建立起交流联系。这意味着你需要准备大量电子邮件或者进行电话拜访。假如你已经花费时间来调研这位目标客户，不妨一次性绘制出针对该客户的整个计划。写完 4~5 份电子邮件，或者编辑好电话消息。将其准备完善，然后开始实施计划。你很有可能会发现客户差

---

① 心流状态：心理学家米哈里·希斯赞特米哈伊（Mihaly Csikszentmihalyi）发现一种将个人精神力完全投注在某种活动上的感觉，即心流，它产生时同时会有高度的兴奋及充实感。

不多已经被你搞定了。

设置时间节点。根据帕金森定律，工作本身会延长分配给它的时间。而我们中的绝大部分人往往会对某项工作所需要的时间过分估计，尤其当我们能够全神贯注时。如果你对此半信半疑的话，回想一下在准备休假前的那段日子，你会完成多少额外的工作量。

如果你每天早上需要花费半个小时处理电子邮件，不妨分配给自己 15 分钟来完成这项工作。假如你通常需要 3 个小时来调研某家企业，尝试缩短一半时间，并暗示自己这是仅有的时间。你会发现结果出人预料，而且更重要的是，这样做为其他工作预留出了足够的时间。

你完全不必要靠每周工作 8 天来赢得成功，而是利用好有限的工作时间来最大化产出。

AGILE SELLING

控制你的工作日程；而不要让它控制住了你。

第 48 章
精简潜在商机

现在是周一早晨，我的一名销售代表罗恩正在办公室里和我回顾他的销售预案。虽然在富士施乐任职销售经理仅很短的一段时间，但我已经开始注意到这种令人不安的气氛。连续 3 个月以来，罗恩一直在预测他能够完成这个本该在上个月就结单的项目。

当我向他提出质疑时，他回答道："他们需要这个新系统，吉尔。他们亲口告诉我的。他们随时随地准备着要开始实施该项目。"即便我质疑他的想法，但他仍然强烈坚持这一观点。虽然事实上只有不到 20% 的潜在商机可以最终转变为实际客户。

每一个销售人员都应怀抱希望，这样才能不断推进项目——但同时我们也必须避免被错误的愿景所愚弄。当某个项目的潜在商机出现了拖泥带水的时候，这就是在暗示你完成该项目的机会趋于渺茫，即便是你的客户仍然声称他／她非常渴求你的产品或服务。然而，当销售进度停滞不前时，受损失的只会是你。

定期精简你的潜在商机能够让你更诚实地面对自己。在此过程中，通过与客户的紧密联系找出问题的症结所在。探明他们是否真正要做出改变，如果是的话请明确时间。假如他们对于何时计划进行改变支吾搪塞，那么他们现在还不是你的客户；如果他们告诉你目前还有更加重要的事情，那么在短期时间内他们不会进行采购；假如他们告诉你领导还没有认可，这很可能是你不可能在短时间内签署合同的潜台词。

假如客户仍有兴趣，但是项目在不断延期，你或许会想要和他们保持持续的联系——不过别太指望他们。如果他们不接你的电话，亦不回复邮件，果断地将他们从你的客户清单上删除，千万别期望仍有机会完成这个项目。

学会放弃是开展商业活动过程中必不可少的准则。这会让你更加现实地面对机会（或许并不会很多），使你释放心智，致力于捕获新客户，提升销售成功的概率。简而言之，这使你变得更加敏捷。

现在就花 10 分钟来审视一下你的商机列表，毫不犹豫地精简掉那些向壁虚构的商机。

AGILE SELLING

切勿傻乎乎地误认为你有机会去完成那些完全不在你掌控中的项目。

AGILE SELLING
Get Up to Speed Quickly in Today's Ever-Changing Sales World

|第 49 章|
投资自我学习教育

随着可用资源的日益丰富，你完全没有理由再抱怨自己无法了解客户、他们的企业、所属行业，或者表示自己不具备可靠的商业头脑。

如果你确实需要更多信息，主动采取行动，请求企业内的其他人弥补你认知上的缺失。你的目标是要找出答案，告诉同事你正在努力找寻的内容，询问谁知晓这些信息。计划特定的问题并与相关人员进行约谈，确保你可以高效地利用时间。

向同事请教只是一种方式。另外你可以通过在线的方式搜索到海量信息，让自己快速成长起来。在最开始时，你可以利用多条件检索方式，比如"批发商名字"＋"趋势"，或者"计算机"＋"调研分析"。注意，使用引号可以有助于你找到确切的短语，用括号/减号可以添加/去除条件，当词语可以互换时运用"或者"。这些非常重要，因为你的搜索条件决定了最终的搜索结果。

你还可以查看下述类型的网站，这些网站通常包含很多有用的信息，你可以从中快速获取一些见解和认识，并对它们定期监控——保持警觉性总是好的。在进行调研时，搜索大家共通的主题可以让你找出当前客户最关注的热点。

* **联盟协会**。每一个特定的工作职位（例如，薪资经理、电气工程师、首席财务官）以及相关领域（医疗设备、法律事务所、教师）都有相应的联盟协会。在这些网站上有非常丰富的行业前沿信息。你可以在上面注册时事通讯，查看最新的网络会议，浏览视频。尤其应注意趋势以及合规规范的变化，这将成为你的触发事件。

* **咨询师 / 分析师**。在几乎所有的行业里都有专家提供支持、建议或评估服务。这些个体或者机构组织通常会通过许多种形式来传播他们的专业知识：文章、电子书籍、视频、播客、白皮书等。找到好的网站可以让你完整了解到相关领域的知识。

* **博客**。找寻行业内的相关博客，每个行业都不乏发烧友，希望传播他们的所知所想。从他们的博客中找到有用的信息，持续关注以获取他们的定期更新。

* **商业新闻网站**。要提升整体商业敏感度，阅读福布斯、财富、华尔街日报等网站是个不错的主意。定期阅读这些网站可以让你深化商业知识，或者至少找到下阶段的学习目标。

* **竞争对手网站**。浏览你所在企业最主要竞争对手的网站，可以了解到他们的产品、服务以及定位。阅读网站上任何相关的白皮书、电子书或期刊文章；如果他们有对外公开的在线活动，不妨考虑注册参与。这样你不仅会学到许多有关他们产品定位的信息，并且还能积累具有针对性的竞争策略。

* **行业期刊**。几乎每一个行业和细分市场都有其特定的杂志。你可以借此了解行业信息、热点议题、市场主导等，这会让你会拥有更宽阔的视野，因为出版者通常会将热点信息的相关背景一并提供给你。

* **社交媒体**。千万不要忽视 Twitter、Facebook 等其他形式的社交媒体。留意行业大咖、企业领袖的观点；在网络上搜索行业关键词；参与

各种议题讨论；找到行业内所推崇的对象。

* **书籍**。要综合了解某个特定的领域，图书或许是最有效的选择。初学者会从傻瓜式指南系列的图书中快速找到有用信息。另外，你也可以找到某些特定行业、技术、职业等方面的专业化书籍。

我们并不缺乏信息，但事实上只有极少数的销售会投资于自我学习教育。那些常年保持绩效出众的销售正是选择了这条捷径。今天的购买者不会接纳无知的销售，所以尽量让自己聪明一些吧。

AGILE SELLING

不断发展你的专业知识，以此保持与众不同。

|第 50 章|
消除干扰因素

很显然，你的时间绝非是无限的资源，不过你也许不知道时间的真正价值。假如你没有计算过每小时的收入，那么不妨现在算一下。这会让你更加真切地体会到为何消除干扰因素是如此重要。

干扰因素不单纯指各种麻烦，而是指妨碍到我们保持快速反应能力的所有因素。在《信息超载：我们遭遇的最强对手便是我们自己》[1]（*Information Overload：We Have Met the Enemy amd He Is Us*）一书中，作者表示各种干扰因素平均每天要消耗我们 2.1 个小时。而即便是很小的干扰，也需要我们付出大量时间去排除它们。研究显示，在工作被打断后，比如接听电话、同事的打扰，或者只是在计算机上玩一局纸牌游戏（自己的原因），你都需要花上 5~25 分钟来重拾原先的工作。

干扰因素会让你过度疲劳，当其发生时，体内会释放出皮质醇（荷尔蒙），使你难以集中注意力专注在工作上。你的记忆、宏伟的销售梦想、关键的见解洞悉都会在一瞬间消散。

以下列出些许非常实用的策略，可以让你避免被干扰因素吞噬掉你宝

---

① 信息超载由 Basex.com 在其报告中强调提出。

贵的时间。

* **消除所有和工作无关的东西**。就个人而言，我发现这样做是十分必要的。当在努力学习某项技能、了解新的信息时，我很容易被各种干扰因素所吸引。唯一的办法是清理办公桌上所有无关的文件和杂物，因为它们很容易分散我的注意力。

* **关闭房门**。假如你有自己的办公室，在需要全神贯注的时候请闭门谢客。如果人们仍然不断敲门或探入脑袋，那么在门口挂上一张"请勿打扰"的牌子。你也可以在牌子上标注上规定的时间，这样会显得有礼貌一些。

* **带上耳机**。如果你必须和其他人共享工作区域，带上耳机通常也代表着"请勿打扰"。假如你时常会被打断的话，不妨在背后贴上一张提醒告示。用一点幽默感往往不易得罪人。

* **换一种环境**。当我写到这里时，我正坐在一家咖啡店里。虽然说我身处人群之中，不过这种方式非常适合我进入学习或工作状态。如果你身处办公室的话，不妨走进会议室——远离其他同事。

* **学会拒绝**。是否还记得有多少次同事或领导走到你身旁，打断道："能占用你几分钟吗？"假如这类打扰过于频繁的话，你或许应该这样反问："我们需要立刻交流吗，或者能否安排在 90 分钟之后？"事实上，绝大多数事情并非迫不及待。有些情况下，这样的答复或许显得有些不近人情——但是考虑到你时间宝贵，并且即便是短暂的中断都会对你顺利完成工作产生负面影响，这样的拒绝也是十分必要的。

* **建立思路缓冲区**。当然，你最终或许也难以避免所有的干扰源。大脑很难一点都不跑题——即便你想要完全集中在某项特定的工作上。

我所学会的做法是将突发灵感记录在便利贴上，避免忘记。这样在返回工作时能更快地进入状态。

* **别接电话**。对销售而言这似乎太不可思议了。你最重要的客户或许会致电你要求推进项目。我完全理解你希望能随时面对客户，不过他们应该不会期待你全天候地待命。

消除干扰因素会极大地提升你的生产力，同时还能缓解你的压力。你会进入正轨、快速上手，并在新的岗位上快速赢得成功。

---- **AGILE SELLING** ----

改变你的环境，避免陷入困局。

AGILE SELLING
Get Up to Speed Quickly in Today's
Ever-Changing Sales World

第 51 章
避免多任务处理

　　为了加快学习进度迅速成长，大脑的所有动力都需要聚焦在新的信息上，加紧学习各项技能。因此找出常见的会影响你状态的坏习惯尤为重要。其中最严重的是什么呢？同时处理多项事务。

　　你或许没有认识到这种坏习惯对你的损害有多大。你会去做一件让自己变笨拙的事吗？伦敦大学格兰•威尔森（Glenn Wilson）博士的研究发现，这正是我们同时处理多项事务时所会出现的情况。不断阅读、撰写邮件会显著降低你的心智。女性的智商值会因此平均降低 5%；而对于男性而言，全面铺开处理多项事务更是让人沮丧：他们的智商会下降 15%。

　　身处圣地亚哥，加利福尼亚大学的科学家哈罗德•帕施勒（Harold Pashler）在对"双重任务的干扰"的研究中有着同样的发现。他的研究显示出当人们同时从事两项认知型工作时，他们的知识资本会从哈佛商学院硕士降低至 8 岁的儿童。

　　哇哦！这简直是智商大崩盘！虽然我们曾经错误地认为多任务并行可以让我们在更短时间内完成更多的工作，效率会大大提高，但是实际情况却恰恰相反。根据美国心理学协会发布的研究，在同时进行多项任务时你需要多花费 20%~40% 的时间。而在了解新信息时，这很可能会接近 40%

的上限。

当尝试同时做其他事情时，你所想要记住的产品亮点或是对购买者的洞察很难在大脑中留下记忆。你在回想时会发现，所有信息并未在脑海中长期驻留，或许早已不在；抑或是在回忆信息或某项技能时错漏百出。

我曾经也像许多人那样，深陷多任务并行的泥潭中：当和他人通话或者收听网络会议时，我会不断查看邮件。我不断需要提醒自己同时处理多项任务是错误的；我会忘记所听到的内容，换句话说，我根本是在浪费时间。

通过以下三件事情，我可以让自己避免并行工作，你也不妨尝试一下。

根据计划查看邮件。每天计划在 3~4 个时间点上接收、查看并回复邮件消息。电子邮件的诱惑是难以避免的，作为销售人员，你会不可避免地想要随时获悉最新进展。但是请记住，不断查收邮件只会让你的生产力变低，并且难以应对手头正在处理的事情。

闭关修行。和许多人一样，我经常会从某项活动跳跃到另一项，尽管我知道这绝非什么好习惯。我最近开始使用各种技术来防止自己陷于这种困局。例如，当我写到这里的时候，我正在使用一款具备文字编辑功能的称为 Focus 的软件（隶属于 Under 软件工具包），让我只能专注于这篇文章的编辑。我屏幕的其余部分被屏蔽了起来。我同时会使用 Anti-Social 防社交软件，这款应用程序可以让我避免将时间浪费在无关的网站上，或是在特定的一段时间内保持离线状态。当要准时完成某项工作时，这些方案能够为你构建起理想的工作环境。

完全断开链接。我知道当你处在销售职位上时这会很难，但这牵涉到你能否有效利用时间的问题，值得你审慎考虑。完全断开那些会干扰到你的电子设备，让自己留出 90 分钟完全专注于新知识或技能的学习，你一定会比其他人更快速地上手。

多任务齐头并进的工作方式已经过时。今天我们开始攀比谁能够更加专注于同一件事情，从中体现出你的智慧和能力。

AGILE SELLING ·······································

杜绝多任务同时处理，实现更快速的学习和思考。

AGILE SELLING

Get Up to Speed Quickly in Today's
Ever-Changing Sales World

第 52 章
调整心态

我永远不会忘记凯伦那天走进我办公室的情景，她是一位新的销售代表，满面愁容。"老板，"她说，"人们并不关心富士施乐的产品有多好，我感觉就像是在卖废纸篓一样。"仅仅过了 3 个月之后，她选择了另一份工作。对我而言，最让人难过的是，她以一个失败者的姿态离开了这个职位。

你会惊奇地发现，对待事物的不同态度，会导致结果的天壤之别。丹尼尔·平克（Daniel Pink）在《惊人的真相：是什么激励着我们》（*Drive: The Surprising Truth About What Motivates Us*）一书中提到："科学研究发现，高绩效表现并不是源于我们的生理驱动，或由奖惩因素所引导，而是隐藏于第三种驱动力——我们与生俱来渴望把握自己生活、拓展个人的能力，以及过有意义的生活。"顶尖的销售认识到他们行为的重要性。在《用崇高的目标来从事销售职位》（*Selling With Noble Purpose*）中，丽莎·厄尔·麦克劳德（Lisa Earle McLeod）分享了她对顶级员工为期六年的研究发现："那些怀有崇高理想的销售人员，他们渴望给客户带来完全不同的体验，并且这些销售精英更加专注于目标和赚钱上。"

很显然，凯伦认为她所做的事情无足轻重；她完全没有与第三种驱动力相连，或者认识到有任何崇高的目标。不幸的是，由于她如此气馁沮丧，

165

我甚至无法让她看到她自己所营造的无法自拔的处境。在本书的第三部分，有相当多的内容聚焦于让你理解销售的价值上。因为我的经历告诉我，当销售人员"领悟"了产品或服务所能带来的影响力后，他们会变得更加自信而坚定。简而言之，知晓价值所在会让你在面临各种突发变化时更具适应力。当感觉心灰意冷时，目标会帮助你突破瓶颈，重整旗鼓，继续思考如何帮助客户。

史蒂夫在心态上也存在些许问题。他曾是一名赫赫有名的销售，但是在之前几个月业绩一落千丈。当我们谈到这个问题时，他不断抱怨经济不景气是他的克星。而当花了一天时间陪他拜访客户后，我逐渐开始认识到他目前陷入困局的真正原因了——他几乎在每次销售会面之前都用这样的开场白询问客户："现在的经济萧条对你们业务有何影响？"于是交谈的氛围从此逐步步入低谷。难怪他会心灰意冷。

我们提出他的态度是问题的根本所在，并用头脑风暴的方式谈到了应对方法。史蒂夫认可了这个观点，并作出了积极的响应，从而立刻改变了他做事的方式。短短3个月后，他便弥补上了今年的数字缺口，并打败其余45位销售，赢得了月度的销售代表大奖。

具体发生了什么呢？首先，当史蒂夫在仔细考虑我们的谈话之后，他觉得自己应该保持乐观的心态，并以此来影响客户。这种乐观的心态本身便会带来改变。大都会人寿保险公司对新入职经纪人的研究发现，乐观主义者比悲观主义者会多销售31%的产品，这无疑是一个显著的差别。

乐观是可以学到或者是受控的。事实上，当感觉沮丧时，你仍可以改变自己的感受。不论事情看起来有多么糟糕，总有你可以加以控制的因素。你可以将问题转变为挑战，将失败转变为学习体验，从逆境中找寻出积极的方面。

这便是史蒂夫所做的，它使得工作和生活焕然一新。他并非盲目乐观，如通过重复那些毫无意义的口号，就像"我是最棒的销售，我应该要赢得许多订单"来为自己造势。相反，他每天甚至一天进行多次调适，来优化心态。他会警惕每次感觉害怕、犹豫或者踌躇的时候，不让这种情绪控制自己。

这个，你也同样可以做到。事实上，这是通往成功的一种良好习惯。

-------- **AGILE SELLING** --------

改变你的心态，不让它拖你的后腿。

第 53 章
好为人师

或许是时候你可以给其他人上一课了。嘿！我并不是指你需要教训别人或者去惹麻烦！或许有些人可以激发你原先的认识和感受，不过我们并不打算谈论如此主观而模糊的话题。相反，我们提倡关注特别简单又非常高效的策略，让你能从中获得很高的回报：通过指导他人来进一步巩固你的知识。

我第一次指导他人是在我第一年涉足销售行业的时候。我的老板黛安，指示我和爱丽丝做一次销售拜访，爱丽丝是一位实习生，正是她在客户挖掘过程中发现了一个相当好的销售商机。但作为一名新手，她很难独立完成这个项目。黛安要求我带领爱丽丝，展示应该如何推进并拿下该项目。

天哪！我压根没有什么准备。我自己也刚入行不久，我对行业内其他供应商也是知之甚少，但很显然想推辞是不可能的了。在接下来的两天时间里，我将自己完全沉浸在对另两名竞争对手的了解和掌握之中。我研究了他们相较于我们的竞争优势；从资深的销售代表那里了解价格情况。最终我规划出了和客户交流的策略，可以尽显我们的优势所在。

在我们开始拜访会谈之前，我和爱丽丝一同回顾了每一项细节：我勾勒出竞争对手的优势和劣势；回顾了会谈的策略和计划。在这番准备之后，爱丽丝和我敲开了客户的办公室大门。两个小时后，我们带着客户签字的合同走了出来。有生以来我从未感到过如此轻松愉悦。

我们回顾了自己是如何赢得这个项目的：我用速成方式了解了两位竞争对手，成了一名隔夜专家。为了指导爱丽丝，我必须认真思考会谈策略每一步的执行。我需要向爱丽丝解释会谈中的每一个细节以及它们的重要性。由于我希望在爱丽丝、我的老板以及客户面前表现卓越，这其实促使我更进一步地提升了自己的销售技能。

当你自己仍处于学习阶段的时候便推荐你去指导他人，这似乎有点匪夷所思。毕竟我们更习惯于听从专家的建议。但这样做能带来许多好处。正如罗马哲学家塞内卡在两千年之前倡导的"教而习之"。

《才华横溢：让你变得更智慧的科学》（*Brilliant：The New Science of Smart*）一书的作者安妮·墨菲·保罗（Annie Murphy Paul）曾经写到宾夕法尼亚大学的一项计划，让学生负责教育一个计算机虚拟化的人物，并选定了某项主题。她写道："当学生们准备进行教授时，他们会整理组织自己的知识，从而加深他们自己的理解和记忆力。"这一过程同样帮助他们发现自己学习上的不足之处，并让他们更有激情地去掌握这些知识。

这正是我所经历的过程。教育他人这件事促使我更深入紧张地进行学习。对此我的自我感觉很好。爱丽丝学到了东西，我得到了提高，额外的惊喜是，我们在那天收获了订单。

在爱丽丝之后，我在富士施乐任职期间指导了不少实习生。和他们每一个人的相处都提升了我的技能，并且让我对自己信心倍增。换句话说，我知道这是一条有效的途径，要做到胸有成竹地去教授他人，就需要我更加认真地推敲每一个步骤，从而显著地深化我所掌握的内容。

直到今天，我仍然"教而习之"。你或许也会想要尝试一下。思考你当下想要（或者必须）学会、精通的是什么？你又可以将其教授给谁？这并不一定要是自己公司里的人，你可以更有创意一些。但是总之，教学会让你更勤奋地学习。

AGILE SELLING

通过指导他人来深化你的学习。

| 第 54 章 |
将游戏化注入销售过程

各就各位……预备……跑!

我要以上述方式开启本章的内容, 没错, 此时我正在玩一种与时间赛跑的游戏。我给自己留出了 90 分钟来构思本章的草案。而通常我需要为每一章节苦苦折腾至少一天的时间。但是这次, 我拨划出 30 分钟来观看一部游戏化视频; 30 分钟来回顾整理各项研究报告和我的笔记; 最后 30 分钟用于写作。我现在正处于这种压力之中, 各种思维汇聚爆发……必须开始起笔……让我们开始吧!

从担任销售职位起, 我就将自己视为游戏中的一员。这会带给我驱动力, 但是我总感觉有点傻呼呼的。直到最近学习了一份神经系统学的研究报告后, 我才知道游戏会成为刺激大脑活跃的脉冲。换句话说, 游戏对于大脑的吸引力是难以抗拒的。

游戏最能发挥作用之处在于激发你的技能水平。这可以测试出你学习掌握的程度, 并且能比传统的方式更快速地帮助你成为专家。以下所列是我个人较为喜欢的。

目标导向的游戏。每当在通往目标的道路上遭遇堵车时, 我会将其转

171

变成游戏。例如，我最讨厌客户说："我对此毫无兴趣"，尤其是当我深信确实可以帮助到他们的时候。很显然，我的说辞导致了客户的这种反馈——但那是什么呢？为了找出答案，我会在其他客人反馈之前，尽我所能用最佳状态重复同样的内容，并且努力用不同的方式来进行表述，于是我下一位客户或许会说"哦，这有点意思，再给我讲讲。"这样的答复代表着我的成功。这比你想的要难很多；我曾经用数日的时间来反复斟酌，怎样才能得到不同的反馈。有时候这需要我重新思考整个介绍方式。但最终我喜欢这种从游戏中获胜的感觉。

竞赛导向的游戏。当面对着某个致命的竞争对手时，我会将其视为一种策略游戏。我问自己："他们下一步棋会怎样走？我如何才能先声夺人？哪里是我的弱点？"发挥自身能力，用零和游戏的方式来完成某个项目，这会极大地激发思路。我绝非只是走个过场，而是在挑战自己的最大极限。

一个客户的游戏。在这场游戏中，我会专注于某个最好的客户并且这样问自己："假如我仅有一个客户，应该怎么做才能使盈利最大化呢？"这场游戏还有许多重要的影响因素，从而使得其更具挑战性。在赢得游戏之前，你要能够回答许多问题：在这个组织中，我还留有哪些空白？还有哪些产品或服务是他们尚未启用的？我如何转变这一切？我如何利用现有的关系来赢得更多业务？怎样能够将竞争对手完全排挤出局？这场游戏非常有意思，整个过程让我显著提升了面向关键客户时的销售能力——而且这比找到同样业务量的新客户要容易许多。

这些游戏从表面上看似乎显得有些可笑，但是这确实有效。游戏将日常琐事变得生动有趣，让你对工作充满激情。它会激发你探究和创新的欲望，同时让大脑保持在循序渐进的模式中，勇于实验尝试新的事物，这在开发敏捷学习能力时绝对是一把利器。

对每一个人而言，我们与生俱来便是这样学习的。在每次达标后，我们可以给予自己奖励，这一部分同样有趣。或许你可以让自己去喝杯咖啡，休息一下；给自己放一天假；或是去一家心仪已久的餐厅。在风险更大、难度更高的游戏中胜出或许应该有更高的回报。我最近给自己的奖励是一次购物狂欢——当然，我并不准备告诉你我是从哪场游戏中赢得的！

因此，请开始思考，今天你可以将什么变成比赛呢？或许你可以找到更快速了解新公司信息的途径；或者开展一场销售竞技来测试你在技能方面的提升？这是实现更快速学习的一种方式。

（还记得我在本章节开始时提到的和时间赛跑的游戏吗？如果你想知道的话，这次比赛我花了 92 分钟。）

AGILE SELLING

通过游戏的方式来增强你已经具备的能力。

AGILE SELLING
Get Up to Speed Quickly in Today's
Ever-Changing Sales World

|第55章|
改变具有破坏性的行为习惯

我绝不会故意去做损害销售成功的事。但说实话，我自己有不少的小毛病，事实上是销售工作中的负能量。我最近检讨了如何使用自己的工作时间，之后，许多问题变得更加清晰了。在一周时间里，我每隔15分钟就会记录下正在处理的事务，不落下任何事情。

在周五下午回顾这份日志时，我颇感意外。从早上8点开始我就坐在办公桌旁，但实际上总是要到10点才开始正式工作。数年来，我一直想改掉夜猫子的习惯，但是记录在纸面上的过程，让我更清楚地发现在许多个早晨中被浪费掉的时间。我不断拖延，而后再强迫自己在深夜或是周末来亡羊补牢。那根本就不是生活。

阅读查尔斯·杜希格（Charles Duhigg）的《习惯的力量》（*The Power of Habit*）时，我读到了一些有趣的话题，有关我们如何形成自己的生活模式。我们绝大多数人的早晨只是简单习惯的重复，由大脑将一系列行为组合排序成例行公事。平心而论，这种无意识的活动是有益的，能让人释放出更多精力从事更重要的任务。但有时我们的大脑会消极怠工，扰乱了我们生活规律，抑或影响我们潜能的发挥。

杜希格认为理解习惯的机理对进行改变是至关重要的。每一种习惯背后都包含着一条触发条件、一项工序流程或是一种奖励回报。我开启早晨的模式是这样的：

触发条件：起床。

工序流程：洗脸刷牙、穿衣着装、泡上一杯咖啡、快速吃上一口早餐，然后一屁股坐在电脑前花几个小时来检查邮件、阅读新闻，以及回顾无关紧要的材料直至大脑完全清醒。

奖励回报：几杯我最爱的咖啡。

我决定要停止这种浪费早晨宝贵时间的做法，但是研究显示，你很难阻止其发生。习惯的力量是如此强大，它完全操控了你的作息。不论你的意愿有多好，不出多久，你又会回到原来糟糕的习惯中去。你必须通过深思熟虑、细心规划来改变某项习惯。

根据查尔斯·杜希格提出的改变习惯的规则，你需要"利用同样的触发条件，提供相似的奖励回报，改变工序流程"。这正是我所做的：现在，每当起床后（触发条件），我使用全新的工序流程：在洗漱后，我会喝上一大杯加了柠檬片的水；然后我穿上健身服、运动鞋，打开咖啡壶开关，出门跑上 1~2 英里（约 1.6~3.2 千米）路。我原来的触发条件引起了截然不同——却又更好的工序流程。在回来以后，我满上咖啡杯（奖励回报），开始吃早点，然后投入工作。

不论你相信与否，早晨的锻炼改变了我工作上的每件事。现在我可以在早上沉浸于思考中。在工作时间内可以完成更多内容，从而有了更多的自由时间。

我相信我不是极少数有着妨碍成功习惯的人，在你的身上也会找到这些坏习惯的痕迹。或许你可以从回顾所有习惯开始。举例来说，假如每天早上你做的第一件事是在办公桌前坐下（触发条件），开始列出你当天所计划联系的每一个人。然后你的习惯会接管接下来的事情。你或许会和大多数销售那样，用这样的开场白："嗨，约翰。没什么，我只想是打个电话（报到，保持联系），了解你是否有兴趣看一下我之前发给你的材料。"当做完每件事后，你会绕着办公室走一圈，和同事聊上几句，并且倒上一杯咖啡作为给自己的奖励。

你该如何改变上述模式呢？假如有太多人拒绝你的电话，那么你应该尝试传递给客户不同但更有效的信息；你可以更多专注于商业应用，激发客户做出改变；或者是发送一个成功案例或行业教育文稿（非推广软文）。你可以有许多种选择，只是你从未想到或者去尝试而已。

在现实生活中，许多销售行为都是借助习惯来完成的。我们反反复复做着同样的事情，通常会得到自己并不满意的结果。但我们很少会想到去改变这些习惯，而是找出种种借口或是将其归咎于其他原因。

你应当更坦诚地面对自己。有哪些习惯妨碍了你奔赴成功的道路？认真审视其触发事件，你现在的工序流程，以及所设定的奖励。改变你的工序流程，培养那些能产出更好结果的习惯。

AGILE SELLING

改变你的习惯，成就更好的自己。

AGILE SELLING
Get Up to Speed Quickly in Today's
Ever-Changing Sales World

|第 56 章|
培养坚忍不拔的品质

让我们来聊聊那些山重水复疑无路的日子。你忧心忡忡地担心销售指标，甚至开始怀疑担任销售职务并不是你正确的职业选择。

这里有一项残酷的事实：你的这种观点或许是对的。并非所有的企业都是完美无缺的，有些领导脾气暴躁，而你所得到的培训很可能是隔靴搔痒，于事无补。你此时可能正频频点头："正是这样，吉尔，这就是我现在的处境。我只能顺其自然，遗憾的是，现在我职业的小船正在不断下沉。"

梦想着在其他领域有一个新的开始，或许比迎接挑战更有吸引力。但在做出决定之前，你要知道这一点：当下这一刻你正处于恐惧、彷徨、怀疑之中。但这一切的感觉所描绘出的情景忽略了一个事实，即有一些（在你或其他公司内的）销售人员通过同样的，甚至更糟糕的产品或服务却取得了成功。为什么那些企业家、咨询顾问或自由职业者在同样的市场领域中能够柳暗花明又一村呢？

他们通过什么取得了成功？好吧，他们做出了正确的决定；他们破釜沉舟，尽一切可能战胜面临的挑战；在面对看似不可逾越的困境时，保持顽强和持之以恒。

177

这种弹性被宾夕法尼亚大学心理学教授安吉拉·达克沃什（Angela Duckworth）称为"耐磨性"，我认为这非常贴切。根据她的研究，耐磨性是在职业上取得成功的一项权重很大的预测指标，其重要性远胜于智商或天赋。好消息在于，虽然基因只决定了你一部分的耐磨性，但是通过锻炼，你可以练就自己的忍耐性、柔韧性，当然，还有你的敏捷性。

将问题转变为挑战的心态会让你更有耐磨性。同样，将失败视为宝贵的学习经验亦是如此。设定"做得更好"的目标也会有助于此。而这其中最重要的一项是将耐磨性转化为个人的习惯——以此来应对随机出现的各种场合。

以下这些途径能够让你更具耐磨性。

专注可控的。从一开始你就应当区分出哪些是你能够控制影响的，而哪些不是。然后你应该在各项决策中深思熟虑，避免将宝贵的时间资源投入到你无法施以影响的领域（比如价格、经济环境和市场营销的支持等）。相反，全力以赴将所有精力投入在你可以施加作用的领域，比如你的技能水平、知识深度、你如何支配时间，以及你的个人心态。

挑战你自己。选取一项你希望改变的小习惯，例如，在一小时内不查看邮件，或者将自己置于某种并不舒服的场景。我最近在公开场合大胆提出的一项与销售相关的议题确实困扰着我——将我推之于风口浪尖。这确实很难摆脱，但我会因此变得更加强大。当你想要变得更加耐磨时，我建议在一些小细节上冒些风险，然后再去应对更大的挑战。当挑战自己的时候，你会发现自己更加抗压耐磨了。虽然不完全等同于肌肉，但耐磨性确实和它很像：你用得越多，它便会变得越强大。

喘一口气。研究显示，耐磨性同样是一项有限的资源。当工作中面对强大压力时，你会过度紧张，而你的耐磨性很快便会销声匿迹。留意你耐磨性的盈亏，给自己喘息的机会——散散步、与朋友交谈，或者来场游戏。在短时间内做一些不同的事情来恢复情绪。通过消除自身的压力，即便只是暂时性的，你也会失而复得耐磨性，从而更好地应对压力。

总之，切勿放弃。锻炼出更强大的耐磨性会带来截然不同的效果——不仅让你在工作中取得成功，在生活上也能助你成为一名胜利者。

---- **AGILE SELLING** ----

磨炼你的弹性，实践各项耐磨性练习。

AGILE SELLING
Get Up to Speed Quickly in Today's
Ever-Changing Sales World

|第 57 章|
大脑租赁

　　有时候我们受限于自身的认知能力，对于客观存在的未知领域茫然无知。也因为我们涉世未深，缺乏处理棘手问题的经验和方法、知识和技能，因此常常与晋升的机会擦肩而过。这种情况尤其在缺乏知己良朋的启迪和指导，只能依靠自己单打独斗的时候，内心会变得更加迷惘、备感艰辛。

　　在职业生涯的早期阶段，我在误打误撞中找寻到一种方法，让自己在之后的许多年从中获益匪浅。事实上，直到最近，我还利用这种方式来进行一宗谈判——涉及一个宏大的赞助项目，而这是我之前想都不敢想的。

　　事情是这样的。那时我刚开始富士施乐的职业生涯，接受吉姆·法雷尔（Jim Farrell）的指导培训。他是顶尖的销售大师，精于世故、熟悉市场，在面对各色人群、处理各类事务时显得游刃有余。那时我衷心希望有一天能达到他那种水平。

　　几个月后，我终于得到了指定的细分市场。但我突然感到害怕了。现在我必须自己单独处理这一切了，但很显然，那时的我还远未达到吉姆·法雷尔的水平。那天我坐在自己的车里，尽我所能地鼓起勇气拨打一个陌生的拜访电话时，我的脑子里浮现出了所有可能出现的尴尬局面。假如客户询问我所不熟悉的新产品该怎么办？假如他们推说不感兴趣该怎么办？假如，假如……

我被自己杜撰的各种难题所彻底击垮。我甚至不知道下一步该做些什么，但是我确信吉姆一定知道。灵光一闪，通过模拟想象他会有的反应和举措，我有了自己的指南，似乎足以帮助我处理绝大多数问题了。从那时起，每当有潜在客户提出令人难以回答的问题时，我不再会顾左右而言他，而是学着吉姆的样子说："很好的问题。为什么这对您如此重要呢？"而当他们用千篇一律的理由来搪塞我的时候，我也会学着吉姆，厚着脸皮说："你当然已经有了。这才是我来拜访您的原因。"

"租赁"吉姆的大脑实在太有用了，这让我从令人沮丧的焦虑情绪中彻底解脱出来。此外，这种方式让我把困难转变成了问题：如果换作吉姆，他会怎么做呢？突然间，我的脑海中自然而然地涌入了解决方案，并迫不及待地想要开始执行。新的创意和答案快速地适时到来，足以让我应对我所惧怕的各种场景。

不过，即便这是一种非常不错的方式，我仍对此难以启齿，羞于告知他人（尤其是吉姆本人）。我确信他们会认为我是个智力剽窃者，虽然这并不阻碍我仍继续使用。在之后的许多年的每次职场转型中，我都会借用他人的头脑来做出决策。

有时我会使用经验更为丰富的同事的大脑。但当需要拓展思维的时候，我会采用更有创意的方式。多年来，我尝试过自己是史蒂夫·乔布斯、戴安娜王妃、圣雄甘地以及许多位总统，还有我的许多位客户。从中所获得的想法与见解，有助于我获得灵感，并激发出一些崭新的创意。

多年之后，我才听说"大脑租赁"事实上是一种有创意的解决问题的方式，许多创新型企业都会用这种方式来转变思路。希拉里·克林顿在荣登第一夫人时，熟练地运用这项策略出色地胜任了自己所扮演的全新角色。她常常会问自己："如果换成是埃莉诺·罗斯福（美国总统富兰克林·罗斯福的夫人）的话，她会怎么做？"

下一次，当你处在陌生的、困惑的场景而不知所措时，不妨借助他人的大脑一用。这感觉就像有一位虚拟的教练在给予你有的放矢的指导。在你需要新的想法与见解时，不妨也使用这一招，千万别囿于自己有限的阅历之中。

我非常喜欢引述前总统伍德罗·威尔逊（1913—1921）的话："我不仅可以运用我的整个大脑，也可以借用到所有能调用到的别人的思想。"那么，今天你准备借用谁的大脑呢？

AGILE SELLING ········

扩展你的视野，运用他们的智慧看待问题。

AGILE SELLING
Get Up to Speed Quickly in Today's
Ever-Changing Sales World

| 第 58 章 |
发挥你的气场

在从事销售职业的过程中，某些时候你会希望自己能拥有更多的自信——比实际感觉到的更为强大——也许是需要和某大型企业的资深管理层举行会谈；或许是需要直面一位曾经打败过你的竞争对手；又或者是你如此急迫地要赢得这位客户，担心自己说话时底气不足。

有些时候，在开始重大会议之前，我会恐惧得胃疼；我也会经常在拿起电话时感觉忐忑不安。所幸的是，我巧遇了一个能提升信心的秘籍。那时我正哼唱着一首小曲《吹出快乐的曲调》（*I'd Sing a Little Song to myself*）。其中有这样的一句歌词："仰起头，摆出无所谓的样子"，它激发了我的灵感。于是我挺直身体，尽可能摆出一副职业人士的架势和神态。

当我这样做时，人们开始用不同的态度回应我。我所释放出的气场提升了他们对我能力的信任，从而不可思议地让我感觉非常自信。在那一刻，我无法解释这是为什么，但是我深深爱上了这种感觉。

最近我学习了哈佛商学院教授埃米·卡迪（Amy Cuddy）所做的针对身体语言的研究。她对"强势的姿势"有些非常奇妙的发现。

何为强势的姿势？基本上讲，这是一种释放气场、显示出无比自信的

183

姿势。回想一下赢得大赛的职业运动员，他们的双臂挥舞，摆出成功者的标志、昂头挺胸；想象神奇女侠，气势高昂地悬浮于空中，双手叉腰，双脚与肩同宽；还有高级管理人员，他们双脚搁在办公桌上，身体后仰，两手抱在脑后。这些肢体语言无不释放出一种成功者的气息，代表着能力、信誉和可靠。

卡迪发现，保持这些强势的姿态不仅仅意味着力量与资格，在数分钟后，你体内的化学成分会被改变。它们会使身体内分泌出某种激素，让你的身心得到放松，从而提升你的信心等级，同时又抑制了会导致产生压力的荷尔蒙。

于是，调整姿势使你感觉自己底气十足，踌躇满志、成竹在胸，这正是我轻唱歌曲时的感觉。我摆出了气场强大的姿势，在几分钟内，我便感到了那种接受挑战的信心和勇气。

卡迪的研究同时还显示，个人的姿势会直接影响到他是否会被别人所选中，以及他最终能否取得成功。由于这和销售戚戚相关，用满满的信心来包装自己是你所能运用的另一种武器——尤其是当你缺乏这种感觉时。

以下是一些你可以选择实践的方式：

* 在进行重要的拜访之前，站立起来摆出一副强有力的姿势；
* 假如你正在等待进入一次重要的会议，在开始之前在卫生间内摆出一种强大的架势；
* 当你坐在大堂的时候，拿过一把椅子，在上面充分舒展你自己；
* 在进行演讲的过程中，昂首站立，运用强有力的手势，设想一下你正在模仿某个人，重复那些让你感觉铿锵有力的语调。

你只需短短的两分钟就能在自己身体的引擎上注入润滑剂。在此之后，你会感觉更具信心并且压力顿减。这对方才短暂的时间投资而言绝对是超值的。

我并不建议你用这种策略来取代扎实牢固的基础知识。发挥气场能帮你实现超越，给你带上信心的光环，助你更好地走向成功。

─── **AGILE SELLING** ···············

改变你的姿势，转变你的气场。

185

AGILE SELLING
Get Up to Speed Quickly in Today's
Ever-Changing Sales World

第 59 章
活力重现

现在只是上午 9 点，但是我仿佛感觉已经熬过了忙碌的一整天。我和业务合作伙伴开了一场痛苦的计划会议，而后同一位炙手可热的潜在客户进行了一小时的电话会议，我已精疲力竭。更糟糕的是，我需要为客户完成一项重大项目，大限将近，我却卡在了一个节骨眼上，心力交瘁。

于是我学着那些令人尊敬的大人物在筋疲力尽时所做的：我用几分钟回顾了下笔记，然后穿上我的网球鞋，离开了办公室。在这阳光明媚的夏日早晨，我用 20 分钟来散步，当返回到办公室时，我感觉焕然一新，坐回到办公桌前，我清楚地知道下一步应该做什么。障碍已然被排除，瓶颈已不复存在，在规定的时间内，我顺利完成了项目。

时间永远是一种有限的资源，而你的能量完全是可再生的。窝在办公桌前苦思冥想不是上策。同样，整个上午无间断地消耗在电话之中，或是一天工作 20 个小时亦难解决问题的根本。

你要知道怎样才能让自己完成更多工作？根据佛罗里达州立大学 K·安德斯·爱立信（K.Anders Ericsson）教授的研究，最大化生产力的策略是保持 90 分钟的工作间隔。超过了这个界限之后，你的精力开始下降，注意力逐渐涣散，在意识到此之前，你只是在自我强制地保持着工作的状态。

作为销售人员，成功与否取决于你的思维、理念、技巧以及洞悉。你需要在一整天内保持心智上的敏捷性。这一点很难做到，尤其是我们当前这种工作狂的文化，似乎在告诉我们通宵达旦地投身事业是通往成功的必经之路。但是当精力被耗竭时，你还能保持攻城拔寨的状态吗？

了解到这些后，焕发活力的重要性不言而喻。以下 4 项策略可以让你避免精力耗竭，保持最佳的竞技状态：

切勿久坐。你的身体渴望运动——心智同样如此。事实上，你的大脑在不主动思考的时候才能最好地运作。在办公室内走走、上下楼梯、或是去外面散步。尽可能走出去，即便这只是很短暂的一段时光。并且每周进行不少于 3 次的锻炼，每次不低于一个小时。你会有更好的自我感觉，让大脑得以充分的休养生息。

娱乐调剂。这并非玩笑。和同事聊天、玩些游戏、给朋友去个电话。在十五分钟后返回到手边的工作上。在缓解劳顿之后，你会更快速地吸收新的信息、提高自身技能。

保证睡眠。假如你每天晚上的睡眠少于 7 个小时，你的记忆力肯定不尽如人意。晚上睡足 8 个小时甚至更长时间，你会表现得精力充沛、神采奕奕。如果是在家办公，你不妨考虑睡个午觉。

远离电子设备。虽然这些设备已经构成了我们生活中的一部分，但在休息、晚上以及周末时关闭它们，才会让你得到实质性的休息。将手机关闭一段时间，或者至少别去查看电子邮件。在你认为不可能之前先尝试一下。即便只有几个小时的离线时间，也足以让你恢复能量。

加班会产生慢性的压力，削弱自己的表现，事实证明，这与高产出实质上背道而驰。数年之前我读到过一份报道，法国工作者每周平均工作 36

个小时，却比每周平均工作 50 多个小时的美国工作者更有生产力。思考一下结论：长期的工作时间和高度的精神压力不等同于完成更多工作。

　　每天花些时间保持自身活力。在这样做的时候，你已经在提高生产力了。你会更加聚焦于工作，对待手头的工作可以轻松应对，收放自如。

AGILE SELLING

每天管理你的能量，保持出最佳水平。

AGILE SELLING
Get Up to Speed Quickly in Today's
Ever-Changing Sales World

| 第 60 章 |

选择正确的榜样

一生之中，会有些对我非常重要的人，洛厄尔、帕蒂、贝丝，如果没有他们，我一定不会是今天这样，也许我会成为一名服务员。他们每个人都在我成功的销售生涯中扮演了关键角色，虽然他们自己没有意识到，只是完成自己的本职工作，但在追求各自目标的过程中，对我产生了重要影响。

刚被富士施乐聘用时，我异常兴奋，但同时怀有深深的恐惧。怎样迎接面临的挑战是我当时考虑的头等大事。许多新手在不到一年的时间里便败下阵来；销售是一个高回报，但同时又是适者生存的岗位。

所幸的是，我遇到了洛厄尔。他仅仅比我早 3 个月入职。交流后我得知，他在从事销售之前曾是一名教师。他的销售业绩不错——虽然不算杰出，但至少能够完成分配给他的指标。我记得那时我是这样给自己打气的，"如果洛厄尔可以做到，那么我一定也行。"

人们总是会告诉你，要将公司里最棒的那些人视为榜样，但我不能确定这是否真的是一个好主意。在富士施乐，我所遇到的有经验的销售人员，都是一群表现卓越、极富进取心的专家。我只能期望有一天能达到他们这样的水平。更现实些讲，我并不确定自己能否做到，因为彼此间的差距太大了。

但洛厄尔能踏踏实实地完成目标。最重要的是，他的工作环境与氛围和我最为接近，因此，我完全能够复制他的所作所为。于是我将他视为榜样，当我遭遇困境时，我会提示自己，洛厄尔并不比我更聪明或者更加努力——因此，假如他可以做到的话，我没有理由无法做到。幸运的是，在富士施乐工作的 5 年时间里，洛厄尔在不断提升，而我的绩效表现也与他齐头并进。

当转向高科技领域销售时，我遇到了职业生涯中的转折点。虽然我懂得如何销售富士施乐的产品，但这项新工作对我仍是重大挑战。我必须学习全新的技术词汇才能和截然不同的决策制定者交流；而且这种决策周期相当复杂，也明显更长。

在很长一段时间里，帕蒂成为了我的榜样。她那时已经在 CPT 工作了几年，并且绩效不俗。和我一样，她也是技术恐惧者。她的关注点在于销售商业应用，推动变革。从执行管理层到最终用户，帕蒂都能处理得游刃有余，超越竞争对手。我知道我也具备这样的技能。

当在对话中有技术问题难倒我时，我会这样告诉自己："坚持下去，吉姆。假如帕蒂可以做到的话，你也可以。"于是我真的做到了，还最终拿到了国际年度最佳新秀奖。如果没有帕蒂的话，我或许早已失败了。她并不是最顶尖的销售精英，却是最适合我学习的榜样。

创建自己的公司将我带入了截然不同的境地。开始时我是公司的老板，有数位员工，我没有任何可以学习的榜样角色。幸运的是，不久之后，我有了一个由独立咨询师组成的执行管理层。这时我遇到了人事专家贝丝。我们每周会一起喝咖啡，随便聊聊。

贝丝已经创业多年，收获颇丰。她并不刻意追求巨大的财富，不过亦能过上体面的生活，这正是我想要的。作为同事，我们会定期分享看法。我从她那里得到了许多帮助，反之亦然。其中最重要的是，我知道如果贝丝能够在自己的事业上取得成功，我也一定可以。

不论是洛厄尔、帕蒂还是贝丝，都是我的良师益友。他们都领先于我事业的发展，距离却又不太远；他们表现出色，但并非高不可及。我在有些方面与他们相似。这些想法都在我对能否达到目标犹豫彷徨时，给了我足够的精神鼓励。

环顾你周边所熟知的人，谁可以成为你的榜样呢？

AGILE SELLING

选择那些在职场位置上稍稍领先于你的人作为榜样。

第 61 章
为自己留出自省时刻

现在是早上 8:03，我晚了几分钟，不过我知道，我所要会见的人一定不会在意。此时我坐在咖啡店里，别奇怪，我是在同自己进行正式的会谈。当服务生走来时，我点了一杯咖啡和一块蔓越莓松饼，让我们开始吧。

在我面前的只有几张空白的网格纸、一支铅笔以及一颗求索的好奇心。我目前的挑战在于：最近生意冷清了下来。最初我假设很快便会反弹，就如同过去经常发生的那样，但这次不同，现状依旧如此。我需要想明白到底发生了什么，以及应该怎样做才能使营业额恢复增长。

我先是用头脑风暴的方式找到了数项可能会影响业绩下降的因素。我列出了一张清单，但对其后的发展趋势会怎样不置可否——这有点太复杂了。我尝试使用思维导图的方式，这可以让我在纸上随意涂鸦，从而打开更多思路。

我同时意识到，需要有更多的数据，用来判断是否有外部因素导致了这次业务下滑。但我并没有就此停止继续研究（从而打断当前的思路），我将这些写在了另一张纸上。

接着我仍然专注于思维导图，自问道："我是否可以做些别的来得到更好的结果？"我涂鸦着更多内容。我已经记录了一些明显的答案（增加销售活动、更好地定位客户），但当想更进一步时却遭遇到了挑战，于是我转变了问题的方向，换一种角度思考："我可以如何让更多的潜在客户来联系我？""我可以如何更好地利用现有的战略伙伴关系？"

现在已经有了各式各样的主意和想法，但我无法将其全部付诸实施，需要找出其中的最佳选项。我该怎样选择才能产生立竿见影的效果？同时，我需要有一项长期措施来预防应对同样情况的再次发生。我对不同方案进行了权重衡量。

最终我整理出了一份计划。我对其中的两项有着清晰而现实的看法，需要立刻采取措施。事实上，我当天下午就采取了行动。在计划中，我预留了研究和与同事对话的时间。另外，我还安排了和我的市场营销总监克丽丝塔的一次会议，需要她提供建议并协助执行。

两个小时在不断续杯中过去，我准备回到办公室去了。事情比我第一次坐下时要轻松缓和了许多——现在我感觉一切回到了正轨上。在享受咖啡的时刻我完全调整了过来，怀揣着许多新颖的想法，我知道它们一定会带来不同凡响的效果。

在整个职业生涯中，我有过无数次上述这样的过程。有时是面临大量的学习和工作上的负载；或者是受到办公室政治的影响只能委曲求全。我还和自己认真地探讨过，如何处理客户中的烫手山芋。

作为销售人员，我们都是行动导向的。很少停下来去思考进行中的工作，而只是单纯地"执行"。但在办公室之外，远离了计算机和同事，往往可以做到高瞻远瞩，洞察幽微，制定出有效的方案来应对我们的挑战。

应对一个全新的销售岗位并不简单。为确保你没有偏离方向，请定期与自己有一次会面——单独的，远离喧闹的大众。每当我这样做的时候，我总能发现更多，思考更多。这样尝试一下，你会惊奇地发现，原来你是如此渊博。

> **AGILE SELLING**
>
> 让自己独处，花时间思考反省。

AGILE SELLING
Get Up to Speed Quickly in Today's
Ever-Changing Sales World

| 第 62 章 |

保持活力

快速上手、进入状态可能会使你感觉兴奋不已，但同时亦会令人精疲力竭。无论如何，你需要保持这种状态、拓展知识范围、调整你技能的各项细节。为了维持你的动力和热情，运用以下这些策略，定会卓有成效！

组建一个学习小组。在和他人的互动过程中，你会学得更快、更多。在富士施乐，我们这些在同一起跑线上的人组成了小组，在第一年里时常相互测试，我们一起头脑风暴来找出某种场景下的解决途径，角色扮演各种场合，以及聆听其他人的方案。我们甚至有一个读书会。了解彼此都在同样的基础上——能够取长补短——这使得我能够更加快速地进入状态。假如你所服务的企业内有一群层次相近的群体，不妨建立起自己的学习社区。这着实会加快你们的专业化速度。

如果只有一个人，你同样可以使用这项策略。我曾在许多场合中建立起这类社区。多年之前，当我刚涉足专业演讲领域时，我成立了一个由5个讲师所组成的社区，我们每个月会面练习并接受反馈。这种会面很有价值，而且这样做并不难，你可以自己发起邀请公司内外的同行。

记住昔日的荣耀。当信心开始动摇时，你需要立刻采取纠正措施。相信我，如果你不这样做，它会继续侵蚀你。回忆往昔，从你过去成功克服困难的那些事情开始。

让你自己沉浸在这些积极的思维和曾经的胜利之中，再次回到当初的强势状态。当陷入糟糕的颓势时，我的丈夫甚至问道："你不准备再回去工作了吗？"我的回答是："我想是的。"找回我的魔力并不容易，我需要回忆已往的峥嵘岁月、累累硕果，这样才能给自己足够的信心，克服当下的挑战。

自我赞美。企业通常只会在销售人员完成订单后给予奖励。就我看来，一单销售的完成是许多正确操作的合成结果。尤其当你尚在学习阶段时，重要的是在这一过程中不断庆祝你的成就。

你现在能否清晰表述出产品的价值定位？这便是成就！你在今天早上是否列出了针对性较强的潜在客户清单？这就对了，你正在前进之中！你今天约好了三次会面？哇哦，太棒了！你和潜在客户谈及了下一阶段的工作？好样的！你是否是客户所考虑选用的最后三家之一？相当不错！重要的是不断向前，认可自己的每一次进步，善待自己。

阅读励志故事。当你信心动摇，不能确定能否应对挑战时，抬头向外看看。对于弹性的研究显示，在阅读他人如何克服生命中最大的挑战时，能够带给自己坚持的力量。因此，当你感觉坚持不住的时候，去读一下跨越人生低谷的运动员；经历 3 次起落后创造商业奇迹的企业家；或者是某个患有残疾却能改变世界的人。那些披荆斩棘、坚忍不拔的事迹，会激起你的斗志，助你重返沙场。

想在销售岗位上取得成就，意味着要不断接受挑战。每个人都希望可以表现出众。当你刚进入时，这或许成为了一种压力和负担。刚开始你可能会不适应一段时间，应对各种变化亦不容易调整自己。要永远在这场游戏中成为赢家，你需要保持不断地学习。有时保持活力并不容易，但这是你必须做到的。

AGILE SELLING

激励自己，保持活力。

第六部分

结语

AGILE SELLING
Get Up to Speed Quickly in Today's
Ever-Changing Sales World

AGILE SELLING
Get Up to Speed Quickly in Today's Ever-Changing Sales World

| 第 63 章 |

总结：终极挑战

这是最坏的时代，这是最好的时代。前所未有的变革深深地影响着我们的购买者、企业与行业。我们处于时代浪潮的顶尖，成功完全取决于我们对自身的投入。唯一的问题便是，我们是否准备好加入这场游戏，成就与众不同。

如果答案是肯定的，那么你的职业生涯从此就走向了新的里程碑。你知道，专业的知识与理念远比产品、服务、品牌或价格更加重要；与购买者共事过程的体验对你能否成功非常重要；要认识到你是最终对此负责的人。

我们简单来做个总结：要让自己不同凡响，你需要不断学习成长。快速掌握新的信息可以让你及时加以利用；迅速掌握新的技能有利于你更好地开展与客户间的互动。你需要像海绵一样在最短时间内尽可能多地吸收、膨胀。

学习的敏捷性将构成你的竞争优势，使你在任何全新的职位上迅速提升，在有限的时间内变得精明能干。你能够快速启动新产品或服务的销售，占领市场先机；你可以很快掌握某个领域的相关知识，成为行业专家；你会拥有各种不同的方法和思路来达成目标并帮助到客户。事实上，在今天的商业环境中，成为一名敏捷的学习者将给你带来无限光明的职业前景。

在整本书中，我始终专注于各项技能，助力你在最短时间内汲取成为高效能人士所必备的知识与技能。或许你可以将我们所谈到的所有内容冠以一个项目名称，即个人塑造计划，不断跟进在通往专业化、成就财务目标道路上的每个脚印。

个人塑造计划亦属于敏捷的心态。记住，所有这一切都起始于决策。你是否希望取得销售职业的成就？假如你没有这样的决心，那么当出师不利时，急流勇退或许是一个不错的主意——这也是无可避免的。

拥抱敏捷的心态，你还会知道如何应对艰难时刻；除了在困难的泥潭中徒劳挣扎外，你还可以从中找到挑战，加以克服；在不尽如人意时，你不会那么失魂落魄，而是感激你所获取到的这些宝贵经验；你亦不会设定遥不可及的业绩指标，而是一次次激励"超越自己"。

拥有个人塑造计划的基本心态，你开始自信地循序渐进，不断深化。我们都知道自己的大脑是有极限的。当你想要快速进入状态时，利用快速学习的各项策略就显得非常重要。让随着时间累积的知识，在实际操作中发挥作用的过程十分缓慢。培训课程又太过片面。将开发自身销售技能的工作交由他人是一种事倍功半的做法。如果想要做到专业，你需要自我掌控。

你的个人塑造计划工具套件中包括分块、排序、优先、卸载、关联和从容练习的快速学习策略。熟练应用这些能使你的工作和生活变得更加轻松从容。它们源于多年以来销售专家们经验技巧的累积，让你在入职后短短几个月时间内学习应用，这足以应对销售过程中的各种麻烦、找到当前局面的最佳应对策略，并在发布全新产品或服务时快速赢得市场。

对个人塑造计划而言，我已经提供了一些建议以助你培养成功者的习惯。在通往专业化的过程中，有时候你需要一些在常态思维之外的规则与想法。

谨防骄傲自满。很可能你会攀登到一个颇有高度的平台，销售成果丰硕，足以支撑体面的生活。当达到一定的专业水平之后，你可能会不再学习。切勿如此！很快你便会发现学习如逆水行舟，不进则退。

在开始感觉骄傲时，给自己施加更大的挑战。问一问自己这些问题：

* 在每次互动过程中我是否都发挥了最大的影响力？
* 我怎样做才能对客户和我个人都更加简单、轻松和快捷？
* 在赢得业务的过程中，我还能尝试哪些方法？
* 我怎样才能减少失败的次数，尤其是避免最终客户"没有决断"以及输给竞争对手的情况？

保持好奇心。记住，销售是一项不断尝试的过程，并且永远都是这样。为了确保长期的成功，你需要保持着测试、验证的模式，这将引领你走向专业化的道路。

你准备好迎接挑战了吗？如果是的话，请记住，这将会是一个艰难的抉择，你会经历低谷，苦苦挣扎。你需要完全离开自己的舒适区域，尤其是当需要尝试全新的技能时，你会感觉尴尬、笨拙，怀疑自己的能力是否能适应新世界的规则。这太常见了。从积极的角度看，伴随着时间的推演，这会变得越来越容易。很快你就会善于这种快速学习、逐渐提升的状态了，并且这个过程增加了你对于客户的价值。无需多久，他们便会视你为他们工作团队中的宝贵资源。最终，你会从他们那里赢得业务，击败竞争对手并得到公司同事的认可。

这一切是否值得？我认为是的，但决定权完全在你手中。

······ **AGILE SELLING** ······

将个人成长与发展视为第一要务。

Agile Selling: Get Up to Speed Quickly in Today's Ever-Changing Sales World

ISBN:978-1-59184-725-0

Copyright ©2014 by Jill Konrath

图书在版编目（CIP）数据

敏捷销售：从菜鸟到顶级销售的精进训练 /（美）吉尔·康耐斯（Jill Konrath）著；张瀚文译 . —北京：中国人民大学出版社，2016.8

书名原文：Agile Selling：Get Up to Speed Quickly in Today's Ever-Changing Sales World

ISBN 978-7-300-23092-4

Ⅰ.①敏… Ⅱ.①吉… ②张… Ⅲ.①销售－方法 Ⅳ.① F713.3

中国版本图书馆 CIP 数据核字 (2016) 第 157139 号

敏捷销售：从菜鸟到顶级销售的精进训练

【美】吉尔·康耐斯（Jill Konrath） 著

张瀚文 译

Minjie Xiaoshou: Cong Cainiao Dao Dingji Xiaoshou de Jingjin Xunlian

出版发行	中国人民大学出版社			
社 址	北京中关村大街 31 号		**邮政编码**	100080
电 话	010-62511242（总编室）			010-62511770（质管部）
	010-82501766（邮购部）			010-62514148（门市部）
	010-62515195（发行公司）			010-62515275（盗版举报）
网 址	http://www.crup.com.cn			
	http://www.ttrnet.com（人大教研网）			
经 销	新华书店			
印 刷	北京东君印刷有限公司			
规 格	170mm×230mm 16 开本		**版 次**	2016 年 8 月第 1 版
印 张	14.5 插页 1		**印 次**	2017 年 10 月第 6 次印刷
字 数	176 000		**定 价**	49.00 元